Todo lo que me hubiera gustado saber antes de mi primer beso.

Todo lo que me hubiera gustado saber antes de mi primer beso.

JULIA MORENO
@juliamorenopsicologia

Montena

Papel certificado por el Forest Stewardship Council®

MIXTO
Papel | Apoyando la
silvicultura responsable
FSC
www.fsc.org   FSC® C117695

Penguin
Random House
Grupo Editorial

Primera edición: septiembre de 2024

© 2024, Julia Moreno (@juliamorenopsicologia)
© 2024, Penguin Random House Grupo Editorial, S. A. U.
Travessera de Gràcia, 47-49. 08021 Barcelona
© 2024, Candela Cueto, por las ilustraciones
Resto de imágenes de interior: Freepik

Printed in Spain – Impreso en España

ISBN: 978-84-19848-07-9
Depósito legal: B-10431-2024

Compuesto en Aura Digit
Impreso en Gómez Aparicio, S. L.
Casarrubuelos (Madrid)

GT48079

A esos que algún día les hicieron dudar de si merecían ser queridos, a los que se perdieron por el camino, a aquellos que han muerto varias veces por amor, a esos que casi se pierden y, sobre todo, a los que se perdieron del todo.

A mis yayos, por dármelo todo.

Y a ti, Alex, por enseñarme qué es el amor de verdad

ÍNDICE

PRÓLOGO

Hubo un tiempo en el que disfrutar de la vida no era tan importante porque estaba convencida de haber encontrado el amor verdadero. El pollo al limón había perdido esa acidez que tanto me gustaba y ya no le echaba más sal a las palomitas. Los domingos no eran tristes, es que les faltaba oxígeno y todo era niebla. Las vueltas a casa después de una noche de fiesta lucían como un videoclip de Lana Del Rey, pero sin la estética *old money* y en blanco y negro. Miraba el móvil y había cuatro selfis en los que solo se apreciaba la mitad de mi cara porque la otra mitad estaba rota. El reguetón sonaba de fondo y era melancólico, mis amigos no me entendían, pero ese tío lo entendía todo.

Tenía las manos vacías y estaba muy cansada, ni un contacto agregado en el móvil porque el amor ya me los había borrado todos. Tampoco podía subir stories porque desde tan abajo no había cobertura. Solo me quedaba llamar a «Amor», pero a menudo no contestaba porque estaba demasiado ocupado pensando en otra forma más de dejarme sin nada, desnuda y helada de frío.

Me miraba al espejo y me preguntaba qué quería ese amor de mí y por qué nunca era suficiente. ¿Qué más tenía que cambiar de mí? ¿Qué debía eliminar de mi vida para que me diese todo lo que me estaba arrancando? Me autoengañaba, pero era muy consciente de que tenía que salir de allí porque él no me devolvería nada. Cuando por fin asimilé que debía irme, me di cuenta de que estaba vacía y que, aun teniendo eso a lo que llamaba amor, me había perdido a mí misma. Intenté encontrarme de mil formas, pero siempre acababa volviendo a ese dolor de huesos y a esas fotos donde salía ojerosa y que ojalá hubieran tenido algo que ver con el hecho de estar obsesionada con ser una *grunge girl* de Tumblr.

Tuve que construirme de nuevo, sobre la nada y sin garantías de conseguirlo. Estaba irreconocible. Había estado tan convencida de que me rentaba perderme a mí misma para no perder ese amor, que intentar encontrarme después fue un trabajo doloroso y agotador. Fueron semanas, meses y años de mucha frustración, sobrecorrección, incapacidad de perdonarme a mí misma, exceso de introspección e hipervigilancia. Me había olvidado hasta de mi nombre y era incapaz de recordar muchos de los momentos que había vivido en esa relación. Tuve que obligarme a hacer cosas sin ganas, lo que me resultaba de lo más complicado porque había olvidado lo que me hacían sentir. Pero, con el tiempo, volví a disfrutar de mi comida favorita y de ver películas sola, empecé a descansar bien y a sentir esa sensación de paz que había sido inexistente durante los últimos años. También me tuve que enfrentar a quienes vieron cómo me había perdido y a quienes había conocido cuando ya no quedaba ni rastro de mí.

Pasó el tiempo y le di muchísimas oportunidades al amor. Me equivoqué, borré muchas fotos e hice otras nuevas. Cambié mi fondo de pantalla varias veces y me quisieron muy fuerte y muy bien. También quise mal y quise a más personas equivocadas, pero aprendí que ya no solo quiero amor porque, si no me tengo a mí misma, es como no tener nada.

INTRODUCCIÓN

¡Bienvenida a tu primer *lovebook*! Aquí encontrarás un trocito de mi corazón que he preparado con muchísimo cariño y dedicación para que vivas el amor de la forma más bonita posible y para que, al menos, cometas la mitad de los errores que cometí yo en mis primeras relaciones. Este es un espacio libre de estrés y de autoexigencia, este libro quiere formar parte de tu ✦*safespace*✦. En él, encontrarás diferentes capítulos que hablan sobre el complicado mundo del amor y las relaciones. Puedes leerlo en orden o puedes consultar los apartados que más te interesen. En definitiva: léelo como te dé la santa gana.

Ya sabes que el amor hay que trabajarlo (y, si no lo sabías, ahora ya sí), y en este libro no va a ser distinto. Esto que tienes entre las manos también es un *workbook*. Pero, antes de que te asustes, déjame decirte que no es el *workbook* con el que aprendiste cero unidades de inglés y que hacías deprisa y corriendo en clase mientras llegaba la profe. Con este sí vas a aprender. Cada capítulo contiene un *reading*, un *writing* y un *listening*, aunque adaptados a mi manera.

📖En el *reading* explico la teoría, pero de una manera fácil y esquematizada para que no se te haga bola entender las cositas. Además, también encontrarás testimonios, experiencias personales y anécdotas para que veas que el amor nos pasa a todos.

✍🏻El apartado de *writing*, que tiene el título *How to do*, es una excusa muy basta para mandarte deberes (es bromi). Contiene ejercicios que te ayudarán a consolidar todo lo aprendido. Este no es un libro más de autoayuda que leerás y a la semana siguiente olvidarás, ¡aquí vas a ponerlo todo en práctica!

🔊 En el apartado de *listening* encontrarás canciones relacionadas con la temática del capítulo. A veces, te animo a que realices algún ejercicio concreto con ellas y, otras veces, solo te invito a que escuches la canción cuando te apetezca.

Conforme vayas leyendo, observarás que soy bastante pesada poniendo ejemplos de Disney o de series y películas que han condicionado mi vida amorosa (y, con toda probabilidad, también la tuya). No es gratuito. Todas estas referencias nos permiten conectar con los aprendizajes que hemos ido absorbiendo desde chiquititas y que hacen que ahora percibamos el amor de la forma en la que lo hacemos. También verás que hay *lyrics* de canciones más o menos conocidas intercaladas en el texto. Es por el mismo motivo: todo lo que consumimos da forma a nuestras ideas.

Antes de seguir, quiero dejar claro que no soy ninguna gurú del amor (Dios me libre de semejante calvario). Soy terapeuta de parejas y sexóloga clínica y, como hago desde que comencé a divulgar, trabajo desde la evidencia científica. Todo esto no implica que piense que con la psicología es suficiente para entender el amor. El amor es como un cajón de sastre donde lo metemos todo, por lo tanto, no puede ser explicado desde una única perspectiva. Las relaciones pueden estudiarse desde la filosofía, la sociología, la política, la historia, la antropología y hasta el cine, la música y el arte.

¿Qué no vas a encontrar en este libro? Aquí no te voy a soltar cuatro *tips* vacíos para que dejes de ser dependiente emocionalmente ni me explayaré en qué es la responsabilidad afectiva (bueno, esto último sí que te lo explicaré, pero solo un poco). Es muuuy cansado hablar y escuchar siempre los mismos conceptos, hasta el punto de que ya carecen de significado de tanto usarlos. ¿Qué demonios significa tóxico? ¡Hoy en día todo es tóxico!

En este *lovebook* voy a hablarte de ✦conductas✦, es decir, de acciones que realizamos y que se pueden modificar, y de su función. Este libro pretende ser una radiografía lo más completa posible del amor, un análisis profundo de las relaciones que no pasa nada por alto. Vas a encontrar la respuesta a muchas preguntas que te haces sobre las relaciones: ¿cómo puedo eliminar mis celos?, ¿ya no estoy enamorada?, ¿debería arriesgarme con esta persona?, ¿las infidelidades se perdonan?, ¿le doy una segunda oportunidad?, ¿por qué me gustan dos personas a la vez?, ¿por qué no olvido a esta persona si tampoco fuimos «nada»?, etcétera.

Como no todo va a ser llorar y lamentarnos, aquí también encontrarás anécdotas amorosas que me han pasado a mí y a mis amigas (y que nos siguen pasando, esperemos que por muchísimo tiempo). Quiero que te rías conmigo (hasta de mí), que veas que nadie nace sabiendo y que todo el mundo comete errores en eso del amor. Los apartados en los que cuento un poquito más de mí no tienen como objetivo predicar con el ejemplo, simplemente quiero dar un toque personal a este tema que me apasiona tanto.

Por último, quiero dejar clarísimo que leer estas páginas no es sustitutivo de ir a terapia. Ningún libro debería venderse como alternativa de un proceso terapéutico o como un remedio mágico para curar el corazón♥🩹. Tampoco es un manual de consejos, ya que para eso están las llamadas de ocho horas con los amigos (¡qué haríamos sin ellos!) o los consejos de la abuela. La psicología no es moralista ni se basa en decirte lo que tienes que hacer, como he aclarado antes (soy un pelín pesada), la psicología es una ciencia. Y, a pesar de esto, verás que en muchos momentos me abro y te cuento mi experiencia con la persona que en ese momento creía que era el amor de vida, por lo que este libro es también algo muy personal y cercano. Ser humana no me hace menos ✦rigurosa✦.

Deseo con todas mis fuerzas que cada página de este libro sea como una tirita para tu corazón o como agua oxigenada para tus heridas (que también es necesario).

1. ¿DE QUÉ ESTÁ HECHO EL AMOR?

Si en su día alguien me hubiese explicado qué es el amor, seguramente jamás le hubiese dado la mano a una persona que solo me quería para un viernes por la noche. Si me hubiesen dicho que el amor es poner el corazón, quizá jamás hubiese dejado que me lo arrancaran de cuajo y sin aviso. Si alguien me hubiese advertido que el amor no es entregarlo todo hasta quedarme sin nada, probablemente jamás hubiese experimentado la terrible sensación de mirarme al espejo y no saber ni quién soy. Si en algún momento a alguien se le hubiese ocurrido explicarme que si esa persona me quería no iba a esperar a destrozarme para luego soltarme al vacío, no habría contestado ese mensaje. Si hubiese sabido que perdonar no tiene por qué significar quedarse, me hubiese ido de esa fiesta aquella noche. Si me hubiesen dicho que el amor no es sentirse dentro de una cajita de cristal que en cualquier momento se podía romper si me movía, jamás hubiese entrado en ella. Si tan solo hubiese tenido claro que no estaba enamorada, que lo que pasaba es que llevaba años sin dormir por las noches porque la ansiedad no me dejaba, me hubiese largado. Si hubiese sabido que el amor no es desnudarse en mitad de la calle una noche a bajo cero, jamás me hubiese muerto por amor.

Esto que acabas de leer es un trocito que he rescatado de mi diario de cuando tenía dieciocho años. Recuerdo perfectamente el momento en que lo escribí. Hacía ya unos meses que había salido de la relación que estuvo a punto de acabar conmigo, y aquel día, no sé muy bien por qué, algo dentro de mí cambió. Hice clic y asimilé todo lo que había perdido por haber querido a esa persona. Fui consciente de todo lo que se había llevado de mí. Fue una relación a la que ni de lejos me atrevería a llamar «mi primer amor», más bien fue el «desamor de mi vida». Me dejó sin nada. Por eso siempre digo que un día morí de amor, **porque un día solo tuve amor y fue como no tener nada**. Pero aquí estoy, con las ideas mucho más claras que cuando tenía dieciocho, estudiando el amor y escribiendo este libro para ahorrarte todo aquello por lo que yo pasé en su día.

NO ME ENAMORÉ DE UN ÁNGEL.

EL AMOR ES MÁS DISNEY QUE OXITOCINA

Como divulgadora, creo que la pregunta que más veces me han hecho es cómo definiría el amor o qué reacciones químicas y cerebrales hacen que queramos a alguien. Siempre respondo lo mismo: el amor es taaantas cosas, no se puede abordar desde una única perspectiva ni nos podemos quedar con una sola definición. Como dice Carlos Yela García, profesor de Psicología y autor de diversos libros: «Hay tantas definiciones del amor como autores han escrito sobre él». *And I think it's beautiful.* Lo que ocurre es que a los seres humanos nos encanta tenerlo todo clarito y simplificado con tal de ahorrar recursos cognitivos, pero el amor no va de esto. El amor es una cosa compleja que abarca muchísimas áreas, es un fenómeno multifacético, y yo no he venido aquí a darte una definición sencilla de amor; primero, porque no existe y, segundo, porque jamás tendría las narices, la verdad.

UN POQUITO DE HISTORIA

La forma que tenemos de querer no es universal ni tampoco ha sido igual a lo largo de la historia. Es decir, no entendemos de la misma forma el amor en Europa que en Asia, tampoco nos obsesionamos con una persona ahora igual que como se hacía hace siglos. Dirás: «Bueno, esto último es tu opinión, Julia», *well...*

El amor romántico no ha existido siempre. Los primeros atisbos aparecen en Europa allá por el siglo XII, cuando lo que se llevaba eran los cantos de los trovadores a sus amo-res. No te pienses que era como cuando Rauw le dedica te-mones a Rosalía..., nada que ver, ya que se trataba de cancio-nes que hablaban del amor y sufrimiento que un cortesano (de ahí el nombre **«amor cortés»**) sentía hacia una dama de más alto rango. El hombre intentaba conquistar a la dama comiéndole la orejita con sus cantos y, spoiler, la cosa casi siempre acababa mal y se iba a dormir solo. Como diría mi amiga Laura, que es maravillosa, los trovadores eran como el tío que canta «Wonderwall» en una fiesta.

Fue en esa época cuando los famosos celos empezaron a verse como una demostración de amor verdadero, el «eres mía y de nadie más», o cuando tomó fuerza la idea de que renunciar a todo y hacer sacrificios por amor estaba bien. Peeero en esa época, el amor era vivido fuerísima del ma-trimonio, la gente no se casaba por amor, se casaba por motivos económicos. Tampoco estaba asociado a la sexua-lidad, ya que era muy *trendy* lo de tener **amores platónicos e inalcanzables**. ¿Te suena?

Entonces ¿qué pasó para que esto cambiase? Uno de mis momentos históricos favoritos: el auge del Romanticismo a finales del siglo XVIII y comienzos del XIX, que trajo consigo una auténtica revolución sentimental. Vamos, el intenso de Bécquer escribiendo cositas. Fue en ese momento cuando se empezó a dar más importancia a la idea de que el amor es una elección y que tiene que haber cierta afinidad (es decir, que tienes que tener algo que me guste para poder elegirte). Ya en el siglo XX el matrimonio se volvió una elección libre (los matrimonios concertados estaban en las últimas) y la gente comenzó a ser más dueña de sus emociones. Además, se empezó a establecer una relación entre sexualidad y amor.

Pero el amor no solo evolucionó a golpe de poemas. Siento decirte esto, porque imagino que, igual que yo, estás harta de que esté en todos los ajos, pero la Revolución industrial también jugó su papel. Con la industrialización y unas cuantas revoluciones más (científicas, ideológicas, etc.) la forma de concebir el mundo cambió, y el amor no se quedó atrás. Cambiaron las dinámicas de cortejo (digamos que se tiraban la caña más libremente y con criterio), se empezó a elegir a la pareja de forma más consciente y el matrimonio se convirtió en una forma cómoda de relacionarse.

Después de la Segunda Guerra Mundial, Europa estaba como el suelo de la discoteca a las seis de la mañana. Para solucionar el descenso de la población, las políticas familiares dijeron: «¡hagan bebés!», prohibieron el aborto y promovieron la familia clásica donde las mujeres se encargaban de limpiar, de los cuidados de los niños y del propio marido. Mientras tanto, los hombres se iban a trabajar. Y, ojo, si eras mujer debías ser obediente a tu marido. Los matrimonios duraban muchísimo, no precisamente porque fuesen sanitos, sino porque la familia era crucial para el desarrollo de la sociedad. Y si por algún casual decidías divorciarte (y si podías, porque en España estuvo prohibido hasta 1981), te miraban peor que tu monitora cuando te dejabas ese trozo de pescado en el comedor del colegio.

Así que no, no aprendiste a querer con tu primera relación. Empezaste a ver de qué podía ir el amor cuando te contaron por primera vez el cuento de Caperucita y cuando jugabas a las princesas Disney o a Spiderman en el recreo. Aprendiste qué era el amor cantando a Shakira en el coche e intercambiando cromos de Troy y Gabriella de *High School Musical* (*honestly, Team Sharpay*). Peeero también cuando tu familia te pedía que le dieses un beso a un familiar que no habías visto en tu vida, cuando comías en casa de tus abuelos, cuando tus padres discutían por quién hacía la cena, cuando tu mejor amiga te contaba que su pareja le había puesto los tochos... y también cuando a los siete años la profe de religión te explicó qué era perdonar. Has aprendido a querer jugando al *Animal Crossing* en la Nintendo o a los *Sims* en el ordenador del colegio.

Y, ojo, aprendiste también de las referencias que no tuviste. Faltaron películas, personajes y canciones que no se basaran en la heteronorma. Faltó que Troy Bolton se enamorase de otro chico, por ejemplo. Faltaron más temas como los de Juan Magán, es decir, reguetón que no solo basase sus *lyrics* en la sexualización de la mujer, o como los de Bad Gyal, que ponen el placer femenino en el centro, por ejemplo. Faltó más representación del colectivo LGTBIQ+ en todas las series de Disney Channel. Sin referentes nos cuesta un esfuerzo tremendo reconocernos e identificarnos, porque lo que no se nombra, no existe.

LOS MITOS DEL AMOR ROMÁNTICO

Todas estas cositas que te he nombrado forman parte de la socialización, es decir, el proceso por el que interactuamos con otras personas dentro de una cultura. Y es en este contexto donde nacen los mitos románticos, que no dejan de ser reglas verbales que vamos interiorizando desde que somos bebotes y que hacen que entendamos el amor de la forma en la que lo hacemos. Como diría Yela (creo que se ha notado que amo a este señor) suelen ser ficticios, absurdos, engañosos e irracionales.

LAS REGLAS VERBALES SON UNA SERIE DE NORMAS QUE HEMOS INTERIORIZADO COMO VERDADES ABSOLUTAS Y QUE GUÍAN NUESTRO COMPORTAMIENTO. LAS ASUMIMOS PORQUE NOS AYUDAN A ANTICIPAR Y ESPECIFICAR LAS CONSECUENCIAS DE NUESTRA CONDUCTA. PUEDEN SER BENEFICIOSAS PARA NOSOTROS, COMO, POR EJEMPLO, LA REGLA DE «SI NO TE PONES CREMA SOLAR EN LA PLAYA TE VAS A QUEMAR», O DAÑINAS, COMO LA CREENCIA DE «SI PASA DE MÍ, PERO LUEGO VUELVE, ES PORQUE REALMENTE LE IMPORTO».

A continuación, te dejo **una selección gourmet de mitos románticos** que tenemos muy metidos en la cabeza y que no nos hacen ningún favor. Es hora de reconocerlos, desmontarlos y librarte de la carga que suponen. A veces es mejor no querer un amor de película...

Los polos opuestos se atraen

A este mito me gusta llamarle «fenómeno Hache». Si eres de los 2000 y te obsesionaste con *A3MSC* sabes de sobra de lo que estoy hablando. Todas hemos buscado a ese chulito malote que un día nos amaba y al otro pasaba de nuestra cara, ese que fumaba a la salida del instituto y que tenía cero control sobre sus impulsos. Sí, ese tío que nos encantaba porque con los demás era un durete, pero con nosotras resultaba que tenía corazón. Pues ese tío era Hache, el rebelde coprotagonista de *A tres metros sobre el cielo*, que le gritaba

«¡fea!» a Babi, la chica pijita y educada, pero que después se la llevaba a dar un paseo en moto y se tatuaba su nombre... Muy fuerte. La peli se dedica a resaltar la intensa conexión que hay entre los dos, como si se tratase de una fuerza irresistible, y el mensaje final es que a pesar de las diferencias (que no eran poquitas) su amor persiste. Creo firmemente que esta peli hizo mucha pupa.

No sé si por culpa de Hache, Nate, de *Euphoria*, o por los mil referentes nocivos de la época, a los quince años solo buscaba chicos que «me rompiesen los esquemas» y me lo pusiesen difícil. Además, ¿cuántas veces me habían dicho lo de «quien se pelea se desea»? Este mito asocia las discusiones y diferencias a un amor más intenso, como si la montaña rusa de emociones significara estar en una relación más apasionada... Por suerte, con el tiempo aprendí que lo que de verdad funciona y te hace feliz en una relación es la tranquilidad y la afinidad. Buscar personas con las que tienes cosas en común y que te aportan es más sano que querer cambiar al malote de turno.

☺ *La media naranja* ☺

Llámalo «media naranja», «príncipe azul» o «alma gemela», este mito se basa en que solo existe un único amor verdadero para ti. Alguien hecho a tu medida, que estáis predestinados a estar juntos y que, encima, te completa. ¿Qué más quieres? *Well...*, resulta que si crees muy fuerte en esto puedes terminar idealizando muchísimo tu relación y quedándote en un vínculo que en verdad no te satisface solo porque, según tú, esa persona es tu media naranja (y solo existe una, claro).

El nombre ya nos indica que se trata de un mito un pelín problemático. Habla de una mitad, es decir, da a entender que te falta otra mitad para ser un «todo» y que estarás incompleta hasta que no encuentres a la persona de tus sueños. Sin presión, ¿eh? Pues vengo a decirte que tú eres una naranja completa, no necesitas estar con nadie para ser estupenda e interesante, del mismo modo que nadie puede ponerte este peso a ti. Ojo con los «me completas», es siempre mejor «me complementas».

El amor todo lo puede

Este mito refuerza la idea de que el amor es todo sacrificio. Si has crecido con *El diario de Noah* o *Cincuenta sombras de Grey*, puede que te resulte difícil sacarte esto de la cabeza. Está claro que el amor es supernecesario y bonito, pero no es suficiente para que una relación funcione. Creer ciegamente en que el amor todo lo puede es obviar que puede haber diferencias irreconciliables de valores, conflictos, circunstancias difíciles externas a la relación... Y llegar a superar todos estos obstáculos no es cuestión únicamente de amor.

Quererse no invisibiliza todo lo demás y hay muchísimos elementos a tener en cuenta en una relación: respeto, comunicación, escucha, cuidados... Si esto brilla por su ausencia, no tienes que pasar por alto las actitudes que no te gustan ni tienes que evitar la confrontación solo porque crees que vuestro amor es más fuerte que todo. En la Biblia encontramos cositas como «el amor todo lo disculpa, todo lo cree, todo lo espera, todo lo soporta» y no es tan bonito como suena.

Solo me puede atraer mi pareja

Esto se conoce como el mito de la exclusividad. Es la idea de que si te sientes atraída por otra persona mientras estás en una relación, en realidad no quieres tanto a tu pareja, o de que no te puede gustar más de una persona al mismo tiempo. Pues resulta que ni el amor ni la atracción son exclusivos. Puede pasarte que estés muy enamorada de alguien y, por lo que sea, te sientas atraída por otra persona, o incluso que te llegues a pillar... Esto ocurre y es cien por cien válido, no nos vamos a culpar por simplemente ✦sentir✦. El tema es cómo vamos a gestionarlo, lo cual cambiará mucho en función del tipo de relación que tengamos.

La eterna pasión

Nos han vendido que no es amor de verdad si no nos queremos arrancar la ropa cada vez que nos vemos, si no nos pasamos todo el día pensando en la otra persona o si no queremos estar juntos 24/7. Vamos, que lo que muchos (que no todos, ¡ojo!) experimentamos durante los primeros meses de una relación, tiene que durar para siempre. Este pensamiento pasa por alto que las relaciones se transforman, evolucionan, discurren por varias etapas... No estoy diciendo que la pasión inicial se tenga que perder sí o sí con el paso del tiempo, pero sí que es de lo más normal que fluctúe, y eso no significa el fin del amor. Creer que las cosas tienen que estar al rojo vivo siempre, independientemente de todo lo demás, puede llevar a muchísima frustración cuando el deseo disminuye y esas emociones intensas desaparecen.

En el corazón nadie manda

Esto se conoce como el mito del libre albedrío y refuerza la idea de que el amor es un sentimiento incontrolable, y de que sentimos lo que sentimos «porque sí». Pero, como ya hemos visto, todos tenemos mil y una influencias que nos condicionan (factores culturales, sociales, experiencias pasadas, mirar sin parar *A3MSC* en mi caso...). Este mito nos dice que el amor responde a nuestros deseos más profundos e íntimos y que elegimos de forma autónoma, pero en realidad nuestros sentimientos y comportamientos son mucho más complejos. Por ejemplo, si alguien de tu familia te presiona desde pequeña para que consigas a una pareja que te pueda dar «una buena vida», ¿de verdad será casualidad que todos tus novios te hayan invitado a restaurantes caros? Claro que puede darse la situación al revés, y que te rebeles con tus padres y decidas no dar importancia al dinero de tus parejas, pero en este caso también será una decisión influenciada por vivencias pasadas (aunque sea a la contra). ¿Me sigues? ¿O por qué yo con quince años quería un Hache en mi vida? ¿No será porque en todas las series, pelis y revistas nos bombardeaban con que los chicos malos son, en el fondo, buenos, y nos lo pasaríamos mejor con ellos que no con «blanditos»? Pues grábate a fuego esta frase:

EN EL CORAZÓN MANDAS TÚ.

El amor romántico como objetivo vital

Este último mito incluye todos los anteriores. Básicamente nos dice que el amor tiene que ser el centro de nuestra vida porque si no, no seremos felices. ¿Te acuerdas de todas esas películas románticas de treintañeras que tienen trabajos tan guais y amigas estupendas y que, en cambio, las pintan como unas pringadas porque no tienen novio? Pues eso... La soltería no es ningún fracaso a ninguna edad, y deberíamos eliminar de nuestro vocabulario frasecitas como «por algo no tiene pareja» o «terminaré rodeada de gatos y plantas».

También estaría bien que nos planteáramos qué entendemos por estar solos. Puedes estar en pareja y sentirte tremendamente solo, y puedes estar soltero y sentirte muy bien acompañada porque tienes un montón de lazos sociales sanos y bonitos.

LA QUÍMICA DEL AMOR

El amor se siente, se interpreta, se piensa, se debate, se expresa, se legisla, se teoriza, se aprende. Es simplista y reduccionista afirmar que el amor solamente se trata de oxitocina o reforzadores (como muchos se empeñan en hacer☺). ¿Por qué? Pues porque el amor es un fenómeno complejo, donde si bien interviene la química, también implica un montón de, aspectos emocionales, cognitivos, sociales, biológicos... Reducirlo a un solo neurotransmisor como la oxitocina es ignorar la diversidad de la experiencia afectiva.

Dicho esto, es verdad que cuando nos enamoramos se producen una serie de cambios a nivel neuroquímico que contribuyen a las sensaciones de enamoramiento y apego. No solo liberamos más oxitocina, sino que se produce un verdadero cóctel químico que revoluciona nuestras emociones.

SUSTANCIAS QUE LIBERAMOS
CUANDO ESTAMOS *IN LOVE*

♥ **Dopamina:** este neurotransmisor nos hace sentir placer y euforia cuando estamos con nuestro *crush*... Pero ¿qué ocurre cuando no? Ahí aparece el mono... Se asocia a la etapa inicial del enamoramiento.

♥ **Norepinefrina:** aumenta nuestra atención y energía. El corazón nos late más rápido, nos sudan las palmas de las manos...

♥ **Feniletilamina:** similar a las anfetaminas, no te digo más. Asociada a la euforia de los inicios.

♥ **Oxitocina:** la «hormona del amor», que se libera en el cerebro durante el contacto físico (abrazos, besos, relaciones sexuales, etc.).

♥ **Serotonina:** asociada a la felicidad, el cerebro se habitúa a su dosis y cada vez quiere una mayor, de ahí que a veces nos obsesionemos un poquito... Asociada a la euforia de los inicios.

¡OJO! Todas estas conexiones neuroquímicas que ocurren en nuestro cerebro son consecuencia de vincularnos, pero en ningún momento son la causa por la que queremos a alguien. Yo no te quiero porque tenga amor guardadito dentro de mí, te quiero porque interactuamos y eso me hace sentir ✦cositas✦.

Te pongo un ejemplo para que lo entiendas mejor. Imagínate que tienes una cita con tu *crush* (ojalá te pase), las horas de antes sientes cositas, estás nerviosa... Eso es ansiedad, una respuesta absolutamente normal cuando algo te hace mucha ilusión. Pero, socialmente, a esa ansiedad hemos decidido llamarla «mariposas» porque la asociamos con momentos agradables.

Screenshot del chat con tu amigx horas antes de tu primera cita:

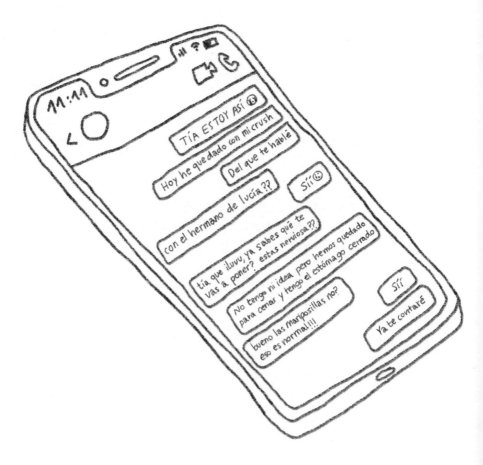

El orden es este:

① Interactuamos con personas
② Sentimos cosas
③ Las interpretamos
④ Les ponemos una etiqueta

Es decir, lo de «sentir cosas» (y todas las reacciones físicas asociadas) va después de «interactuar».

Si cambiamos de perspectiva, y nos vamos a la **sociobiología**, que basa su enfoque en que muchos aspectos del comportamiento humano están influenciados por la evolución, el amor está formado por una combinación de factores biológicos y evolutivos. Algunos de estos factores son la atracción física, la selección para fines reproductivos y el vínculo emocional. Sí, claro, puede ser. Pero ¿no hay más? La intimidad, el apoyo, el cuidado... M-U-L-T-I-F-A-C-É-T-I-C-O, ya te advertía al principio.

También te he dicho que no me atrevería a darte ninguna definición. Lo que sí que haré es proponer un nuevo palabro: conducta amorosa. En lugar de «amor» muchas veces prefiero hablar de **conducta amorosa**, que implica que para que el amor exista debe haber una interacción y una reciprocidad en un contexto determinado.

EN RESUMEN...

1 El amor es más social e histórico de lo que pensamos, es una <u>construcción social</u>.

2 El amor es un aprendizaje que <u>vas construyendo</u> a lo largo de tu vida y esto no lo hace menos interesante, al revés.

3 <u>El concepto de amor se va transformando</u> y eso está genial. Eso que nos cuentan de que el amor de antes era más verdadero se cae por su propio peso.

4 Las referencias del cine con las que has crecido influyen radicalmente en <u>cómo ves el amor y tu forma de relacionarte</u>.

5 El amor tiene mucho más que ver con <u>pensar y actuar</u> que con sentir.

6 Si te conoces bien y sabes qué cosas necesitas, tus relaciones serán <u>más satisfactorias</u>.

HOW TO DO

1. ¿Qué es para ti el amor? Reflexiona acerca de todo lo que te he contado y sobre cómo ha ido evolucionando tu forma de ver el amor.

Ahora piensa en todo aquello que te ha influenciado a lo largo de los años. Anota todo aquello que haya configurado tu idea del amor: películas, series, libros, relaciones idealizadas de famosos, parejas de ficción, conversaciones con tu familia, con tus amigas... ¿Preparada para desbloquear recuerdos?

LISTENING

YO TE ESPERARÉ
CALI Y EL DANDEE

CAMINARÉ
NATOS Y WAOR

THE HEART WANTS WHAT IT WANTS
SELENA GÓMEŻ

HIM & I
G-EAZY & HALSEY

È SEMPRE BELLO
COEZ

WHEN THE PARTY'S OVER
BILLIE EILISH

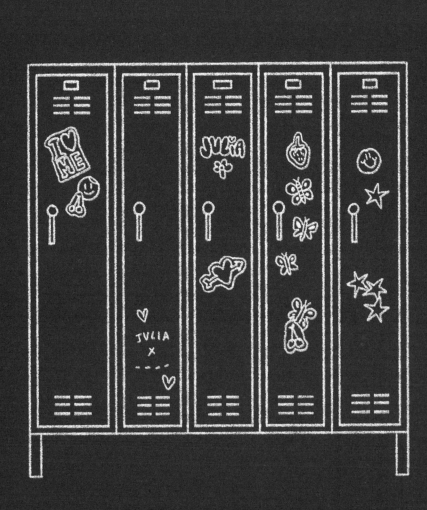

2. ¿ME GUSTAS O SOLO ME HE CONVENCIDO DE QUE ME GUSTAS?

Recuerdo que cuando iba al instituto tenía un *crush* muy *crush* con un chico que me parecía guapísimo. Las pocas veces que hablábamos por WhatsApp me esforzaba en que la conversación fluyera, pero él era una persona hiperpasota del móvil… A mí eso me molestaba porque sentía que, aparte del WhatsApp, pasaba de mí. En esa época, yo no pedía «princess treatment» (muy mal, debería haberlo hecho), pero lo que sí que tenía claro es que buscaba gente que mostrara interés por mí.
Hacia final de curso, estuvimos quedando y nos acabamos enrollando. La verdad es que me flipaba y me ilusioné. Éramos muy compatibles y yo sentía que lucíamos como Troy y Gabriella, para qué te voy a engañar. 🌙
Peeero el cuentecito se acabó cuando, un día de fiesta, coincidimos de casualidad, me vio, giró la cara y no me saludó. Ahí me dije: «Eh, Julia, esto sí que no. Tú mereces mucho más que esta mierda». Me hice una pregunta que cambió mi perspectiva por completo: «¿Tú querrías esto para tu amiga?». Fui un poco más allá: «¿Qué le dirías a tu mejor amigo si te contase lo que ha pasado?». Te puede parecer una tontería, pero imaginarme esta misma situación con otra persona como protagonista me ayudó muchísimo. Más adelante, te cuento por qué.

Poco a poco se me fue pasando la tontería. Además, durante el proceso de recolocar a esa persona en un lugar diferente (que no olvidarla), me di cuenta de muuuchas cosas que con el tiempo empezaron a tener sentido en mi cabecita.

Pero en mi vida no ha sido todo enamoramiento del que te quita el hambre, cuatro años más tarde de este suceso me enamoré de un italiano y me escribió la carta más bonita que me han escrito en la vida, comparto contigo un extracto:

c'è pioggia...

la stessa pioggia che cade sui nostri corpi mentre facciamo l'amore
c'è musica...

la musica del mare che si infrange sulla riva
c'è tempesta...

la tempesta che abbiamo accettato, sfidato e vinto

facendoci noi stessi tempesta.
Siamo tempesta

che si ribella all'impossibilità del nostro amore.
siamo passione

che va oltre all' amore stesso,

che si scinde dall'egoico,

che non conosce limite
siamo un abbraccio all'infinito,
siamo gioia
siamo ammirazione... non sai quanto ti ammiro.
Il pensiero di averti lontana resterà solo un concetto
io vivo il presente e tu sei eterno presente
perché sei dentro di me,
perché mi hai trasformato senza cambiarmi.
Tu ed il tempo siete stati i miei più grandi maestri

il tempo
mi ha insegnato a conoscere il dolore ad accettarlo, quasi
ad amarlo
mi ha insegnato ad assaporare la vita
mi ha insegnato a non saziarmi, ad andare oltre
mi ha insegnato cosa non voglio
tu
trascendi il tempo stesso
perché sei tu stessa sapore,
perché sei tu stessa vita...

A pesar de que ha pasado el tiempo, no he podido evitar emocionarme volviéndola a leer. Que nadie se atreva a decirte que el enamoramiento es menos real porque es el principio, dentro de él se viven verdaderas historias de amor.

¿ESTOY ENAMORADX O ESTOY DENTRO DEL AMOR?

Sé que para ser la psicóloga ideal del amor la gente espera que diga que el enamoramiento no es tan guay y que lo que viene después es lo mejor. Pero mentiría si dijese que los comienzos no son lo que más me flipa. Esa intensidad, esa emoción, esos nervios... ¡Qué maravilla! Sin embargo, estudiar el amor me ha ayudado mucho a entender su función, por qué existe realmente y, sobre todo, para qué nos enamoramos.

El enamoramiento es la fase en la que se inicia una historia de vinculación, que no tiene por qué ser una historia de amor (¿o acaso no has tenido nunca un *crush* de amistad?). Es un momento en el que experimentamos emociones de alta intensidad (maripositas, estómago cerrado antes de cada cita, incertidumbre...) y pensamos mucho en esa persona (la idealizamos, tenemos expectativas de lo que podría llegar a ser para nosotros, nos imaginamos qué lugar podría ocupar en nuestra vida, etcétera).

En esta etapa todavía no conocemos muy bien a la otra persona y tenemos infinidad de huequitos en blanco. Como a nuestra cabecita eso no le gusta nada, se encarga de rellenar esos espacios ella solita. ¿Y con qué? Con películas que nos montamos sobre lo que podría ser el estar con esa persona, cómo se comportaría en x situación, cómo es su carácter...

LA FUNCIÓN DE LAS EXPECTATIVAS ES APORTARNOS CERTIDUMBRE Y RELLENAR ESOS ESPACIOS EN BLANCO QUE NUESTRO CEREBRO NO SABE CÓMO OCUPAR.

Aquí pueden suceder dos cosas: que acertemos en algo (mucha suerte) o que no acertemos en casi nada, pero aun así tratemos de convencernos de que esa persona nos gusta. La segunda opción es garantía de meterte en un lío porque lo vas a llevar todo a tu terreno y vas a interpretar vuestras interacciones en función de lo que a ti te interesa y de la peli que te has montado. Es decir, en lugar de ser una observadora externa para sacar tus propias conclusiones, solo te quedas con el cuento que te has contado y que tanto te gusta. Has convertido a esa persona que te vuelve loca en una figura ideal y solo te fijarás en las acciones que confirmen tus creencias. En psicología lo llamamos sesgo de confirmación. Este sesgo también es el culpable de que no quieras escuchar otras opiniones y puntos de vista divergentes... y que solo te quedes con lo que confirma tu narrativa.

Los sesgos son atajos mentales que nuestra cabecita usa porque no podemos estar a todo. Pretenden hacernos la vida más fácil y que podamos tomar decisiones de forma rápida, pero muchas veces nos llevan a equivocarnos. Además del sesgo de confirmación, otro sesgo muy común en el inicio de las relaciones es el conocidísimo efecto halo, que se produce cuando una característica sobresaliente de alguien influye en cómo percibimos a esa persona de forma global. Por ejemplo, a Hailey Bieber, que es considerada una mujer superatractiva, automáticamente se la asocia con ser una persona amable y simpática (como si ser guapo y ser simpático fueran de la mano...). O, siendo más *accurates*, cuando conocemos a alguien y nos gusta mucho una cualidad suya, como, por ejemplo, su inteligencia, tendemos a sobrevalorar otras características suyas, como su amabilidad, incluso si no tenemos suficiente información para saber si es tan amable.

Una de las cosas que me hubiese encantado saber la primera vez que me enamoré (y, bueno, las demás veces) es que el enamoramiento puede ser muy útil si sabemos cómo afrontarlo. Es una fase en la que podemos indagar mucho sobre cómo es la otra persona y un momento en el que tenemos bastante poder de decisión. Pero ¿qué ocurre? Pues que no nos enseñan muy bien cómo funciona esto de las emociones, y menos en las relaciones. Tenemos una visión muy «espontánea» del amor, como si lo que surgiese dentro de nosotros fuese lo único importante a la hora de tomar decisiones. Es por esto que yo prefiero hablar de **ENR** ⚡ (energía de nueva relación), en vez de enamoramiento.

EN LA ENR ES MÁS FÁCIL HACERNOS EXPECTATIVAS Y, TODAVÍA MÁS, QUE NO SE CUMPLAN.

LA ENR ES UN TÉRMINO QUE ACUÑÓ ZHAHAI STEWART, ACTIVISTA POLIAMOROSA DE LOS AÑOS OCHENTA, Y QUE SE DEFINE COMO EL DESEO INTENSO POR CONECTAR CON ESA PERSONA QUE NOS ATRAE (TENGAMOS PAREJA O NO Y CON INDEPENDENCIA DEL MODELO DE RELACIÓN QUE TENGAMOS). DURANTE LA ENR OCURREN COSITAS COMO:

- NO PODER PARAR DE PENSAR EN ESA PERSONA.
- MIRAR TODO EL RATO EL MÓVIL PARA VER SI NOS HA ESCRITO UN MENSAJE.
- TENER MUCHAS GANAS DE VER A ESA PERSONA, TODO EL TIEMPO, TODO EL RATO, A TODAS HORAS.
- QUERER CONTARLE TODO LO QUE TE HA PASADO DURANTE EL DÍA, AUNQUE SEAN CHORRADAS.
- INTERESARTE A FULL SOBRE LO QUE HACE ESA PERSONA EN SU DÍA A DÍA.

Cuando hablamos de «enAMORamiento» nos posiciona-mos en un punto más pasivo, en el que «el amor nos está pasando» porque ha surgido, porque es un flechazo, y no podemos hacer nada. Sin embargo, si lo etiquetamos como ENR le quitamos esa carga de inevitabilidad y somos noso-tros los que pasamos a tener el control sobre lo que hacemos con esos sentimientos. En el enamoramiento estamos «den-tro del amor», pero si cambiamos de enfoque y hablamos de energía de nueva relación es el amor el que está dentro de nosotros; somos nosotros los que podemos actuar y decidir qué hacer con él.

QUE SINTAMOS ALGO NO SIGNIFICA QUE TENGAMOS QUE ACTUAR SÍ O SÍ ACORDE A ELLO O QUE TENGAMOS QUE HACER ALGO CON ELLO.

Por un lado, tenemos las emociones, y, por otro, la con-ducta; es decir, podemos sentir mariposas (emoción) y po-demos decidir coger el móvil, abrir WhatsApp o Instagram y escribir o no a esa persona (conducta). Por ejemplo, puede que me encantes y que tenga muchísimas ganas de hablarte, pero que, al mismo tiempo, desde el principio me haya dado cuenta de que no tienes lo que yo busco en una relación. Entonces ¿qué sentido tiene que siga quedando contigo o que intente convencerme de que me gustas?

Para exprimir al máximo el enamoramiento y aprender a navegarlo, tenemos que aprovechar esta fase para conocer a la persona. Una de las funciones que tiene esta etapa inicial es el conocimiento, por lo que tenemos que aprovechar esa curiosidad que a veces parece irrefrenable para hacer y ha-cernos muchas preguntas. ¿Y cuál es la mejor forma de saber

Todo lo que me hubiera gustado saber antes de mi *primer beso*

quién es la persona que estamos conociendo? Fijándonos en su día a día, no solo en lo que nos cuenta cuando nos vamos a cenar por ahí de cita romántica. La mejor estrategia es observar qué hace en su tiempo libre y a qué dedica más horas en su día a día. Alguien nos puede decir que le flipa el cine y, en realidad, no ver ni una película al mes o, poniéndonos más intensas, nos puede decir que es un disfrutón de la vida y luego que resulte de lo más superficial y que no se mueva del sofá de su casa. Ojo, porque la gente sabe venderse muy bien...

MOTIVOS POR LOS QUE ME GUSTAS

Antes he hecho alusión a que somos capaces de autoengañarnos para que nos guste alguien. Podemos enamorarnos de una peli que nos hemos montado, de la proyección que tenemos en nuestra cabeza de cómo podría funcionar en un futuro ideal... Este autoengaño se puede deber a muchos motivos, a continuación te dejo los más habituales:

Me gustas porque no quiero decirte adiós

El motivo que más se repite es que si asumimos que, en realidad, esa persona no nos gusta, toca despedirnos y enfrentarnos a la idea de que nos hemos equivocado (una vez más). Y esto es un coste que cuesta mucho asumir, ya que lo sentimos como una derrota. Sin embargo, tenemos que entender que tratar de encontrar a la primera a una persona compatible con nosotros, en un mundo formado por 8.000 millones de personas, es un trabajo complicado y ambicioso.

46

Tienen que coincidir mil cosas y, claro está, también influye el factor suerte.

Me gusta demasiado gustarte

En segundo lugar, a veces nos encanta jugar a intentar gustar sin ni siquiera pararnos a pensar en si esa persona nos gusta a nosotros. Resulta que la reciprocidad es otro factor implicado en la atracción. De hecho, se han realizado estudios en los que a un grupo experimental se le contaba información inventada sobre lo que otras personas pensaban de ellos, y en los resultados se comprobó que nos flipa saber que le gustamos a alguien, hasta el punto de que hace que esa persona nos atraiga más. Y, espera, que todavía te puedo contar más sobre esto. Lehr y Geher, dos profesores de la Universidad Estatal de Nueva York, realizaron un experimento en el que se concluyó que nos sentimos más atraídos hacia personas a las sabemos que gustamos, que hacia personas con las que podríamos tener más complicidad porque tienen actitudes parecidas a las nuestras.

Este fenómeno de «me gusta gustarte» se remonta a la necesidad que tenemos todos de ser aceptados y queridos por los demás. Desde que somos pequeñitos, tendemos a desarrollar un sentido de identidad y autoconcepto basado en la forma en la que los demás nos perciben y reaccionan hacia nosotros. Por lo tanto, cuando nos encontramos en situaciones sociales como citas románticas, donde pensamos que podemos ser rechazados, es normal que nuestra atención se centre en **cómo podemos presentarnos de la mejor manera posible** para asegurarnos el interés de la otra persona.

LA ACEPTACIÓN SOCIAL
Y LA PRESIÓN DE GRUPO

En la década de 1950, el psicólogo Solomon Asch, quiso comprobar mediante un experimento hasta qué punto la presión de grupo determina nuestra opinión individual. Asch reunió a siete estudiantes para participar en un estudio sobre discriminación visual, donde a todos ellos se les presentaba una imagen con tres líneas de distinta longitud, y tenían que decir cuál de las tres era semejante a una línea patrón. Sin embargo, de los siete estudiantes solo uno era un participante verdadero, ya que los demás eran cómplices de Asch.

LÍNEA PATRÓN   A B C

La tarea era fácil. Sin embargo, los resultados fueron sorprendentes. Los sujetos, que estaban sentados en círculo, tenían que decir sus respuestas en voz alta. En ese momento, los cómplices respondieron otra opción que claramente no era la correcta. ¿Y qué contestaron los que no eran cómplices? Pues cometieron un 37 por ciento de errores porque muchos se decantaron por la misma opción que sus compañeros.

Existen dos opciones por las que los estudiantes dieron una respuesta equivocada solo por ajustarse a lo que sus compañeros decían: o bien querían dar una buena impresión ante el grupo, o bien cedieron ante los demás porque confiaban más en su juicio que en el propio.

LAS PRIMERAS CITAS SON PARA PASARLO BIEN, CURIOSEAR Y DISFRUTAR DE ELLAS, NO PARA ESTAR HIPERVIGILANTES DE LO QUE PIENSE LA OTRA PERSONA DE NOSOTROS.

Me gustas porque nos chocamos. El fenómeno How I met your mother 💝

Nos encanta quedarnos con los **principios de las historias**. La ficción nos ha expuesto a demasiadas escenas en las que dos desconocidos se chocan sin querer por la calle o en el pasillo del instituto y sienten el flechazo. Es por eso que lo he llamado «fenómeno *How I met your mother*». Existe esa fantasía generalizada de contar nuestra historia de amor como algo mágico: «Cuando y donde menos te lo esperas conoces al amor de tu vida», «estábamos destinados», «Cupido nos tiró una flecha»... Sin embargo, siento decirte que, aunque suene superromántico y bonito, empezar una relación como en una comedia romántica **no es predictor de nada**. Nos aferramos a la ilusión del principio porque a veces nos parece suficiente para seguir conociendo a esa persona e incluso para que nos creamos que nos interesa o somos compatibles. Si te fijas, puede que tu historia con ese chico tan mono que destacaba entre sus amigos en la discoteca, y que luego resultó ser un estúpido, empezase un poco como la de Troy y Gabriella (estoy *obsessed*, lo sé). O que te montases una historia de Wattpad entera en tu cabeza con esa chica de la biblioteca que al final resultó ser cero interesante.

Además, es muy probable que la historia con esa persona con la que acabarás teniendo una relación supersana y bonita, empiece de la forma más *random* o aburrida posible.

E incluso puede ser que no sientas ni esa chispilla (spoiler: la química se construye). ✦❀

Si te fijas bien, no es casual que congenies mejor con las personas que están más cerca de ti. Esto se puede observar con frecuencia en las relaciones que empiezan en el Erasmus, en programas de intercambio o en lugares distintos a la residencia habitual. Aunque hay mil circunstancias, lo voy a llamar amor Erasmus (porque a mí me da la gana) 😊. En este contexto, se mezclan personas de muchísimas nacionalidades con costumbres, idiomas y culturas distintas, pero, sobre todo, con visiones muy diferentes del amor. Y aun así, ¿qué ocurre? Se enamoran y viven la que probablemente será la historia más intensa de su vida. Esto no ocurre porque sí, sino por lo que en psicología llamamos efecto de mera exposición. Robert B. Zajonc, un psicólogo que hizo cosas chulísimas, realizó un experimento en el que consiguió que las personas tuviesen actitudes positivas hacia imágenes que no tenían ningún significado para ellas (estímulos neutros) mediante la exposición repetida a estas. Básicamente se dedicó a mostrarles caracteres chinos cuyo significado desconocían, pero les terminaron cogiendo cariño. Así funcionamos.

El contexto, por lo tanto, juega un papel importantísimo en las relaciones que construimos, ya que es más probable que creemos conexiones con personas con las que compartimos las mismas vivencias, el mismo entorno y muchos nexos. En definitiva, cuanto más te expones a algo más posibilidades hay de que te guste.

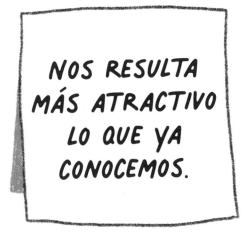

NOS RESULTA
MÁS ATRACTIVO
LO QUE YA
CONOCEMOS.

Me gustas porque nos parecemos,
¡tenemos tantas cosas en común!

Cuando comencé la carrera de Psicología ya tenía bastante claro que lo de «los polos opuestos se atraen» era una tontería como una casa. Pero lo que me hizo reforzar esta idea fue aprender sobre **el principio de semejanza** en la atracción, según el cual las personas nos sentimos atraídas por quienes se parecen a nosotras. Existe un concepto todavía más guay, y que a Duki le encanta, que afirma que nos atraen más las personas que son parecidas a nosotros de verdad. Es decir, si compartimos pocas cosas con alguien, es menos probable que nos enganche.

Existen dos tipos de semejanza:

- **La semejanza percibida:** el grado en el cual creemos que somos semejantes a una persona (aquí el desconocimiento y los sesgos juegan su papel).
- **La semejanza real:** grado en el que somos semejantes a una persona de verdad.

Sin embargo, el ser humano es mucho más complejo que todo esto y no siempre sigue la regla de buscar a alguien semejante con quien empezar una relación. Por ejemplo, dos personas pueden terminar juntas no porque sean muy compatibles y parecidas, y que por eso conecten, sino porque aunque ambos quieren buscar lo mejor, se conforman con lo que creen que pueden «conseguir». Esto da para otro tema...

Como te contaba, aunque a corto plazo podemos vivir autoconvenciéndonos de que esa persona nos gusta, llega un momento en que eso no va a ningún sitio, y lo que de verdad perdura y hace que esa atracción sea real es ✦tener cosas en común y ser parecidos✦.

Me gustas por la chispilla

A día de hoy, tenemos una relación de dependencia con «la chispa», y parece que nuestra relación dependa de ella para sobrevivir...; si desaparece, el amor se ha terminado. Pero siento decirte que la chispa no predice nada sobre el éxito de una relación.

Que al principio de estar con alguien sintamos esa chispita (o chispaza, ya que puede ser muy fuerte) no tiene por qué significar cosas buenas siempre. Lo que ocurre es que asociamos esa «ansiedad», a la que ponemos el nombre de «mariposas», a momentos agradables y llenos de intensidad «propios» del amor (¿te acuerdas del chat de WhatsApp del capítulo anterior?). Sin embargo, es posible que también estemos sintiendo ✦cositas✦ en el estómago porque nos están mareando la cabeza, porque esa persona en el fondo no nos transmite confianza o porque no terminamos de conectar con ella. Y es que es bastante difícil diferenciar la función que está cumpliendo esa chispilla, que tanto puede ser una buena señal como una señal de alarma. Y, encima, podemos engancharnos a esta sensación y pensar que, cuanto más intensamente la sentimos, más queremos a alguien... ¡Error! Además, la chispilla también se puede construir, pero de eso hablaremos más adelante. 👭

LOS MODELOS RELACIONALES SON COMO LOS JEANS

A menudo, tendemos a hablar de nuestra experiencia como si fuese una realidad universal, sin entender que existen otras realidades que son igual de válidas que la nuestra. Como te contaba al principio del libro, el amor es muuuy social, y si desde chiquititos en nuestra casa, en el cine y en la música solo hemos visto parejas tradicionales, vamos a entender que esa es la única opción y es lo que está «bien». Pero ¿qué hubiese pasado si desde que eras peque te hubiesen dicho que puedes querer a varias personas a la vez y que eso está bien? Siempre me ha resultado muy curioso que, por ejemplo, tener y querer a varios amigos esté muy bien visto, e incluso se considere lo «saludable», pero que cuando hablamos de pareja ya sea otro cantar. Sin embargo, existen muchas opciones más allá del modelo tradicional, y aquí te las cuento bien para que puedas elegir sabiéndolo todo, es decir, con libertad.

💜 **Monogamia.** En esta relación **solo somos dos y existe exclusividad sexual y afectiva**. Aunque puede ocurrir que alguno de los dos sienta atracción por otras personas, o incluso que se enamore, decidimos limitarlo, pararlo y no buscarlo de forma activa. Uno de los principales errores que se cometen en las también llamadas «relaciones cerradas» es dar por sentado cuáles son los límites y acuerdos de la relación. Esto es bastante entendible porque lo que se considera más importante, la exclusividad, ya va implícito en el nombre de la relación. Sin embargo, lo ideal es no dar por sentado absolutamente nada, ya que lo que para ti es una infidelidad no tiene por qué serlo para el otro (el mítico «¿tirar fichas son cuernos?»). De esto hablaremos más adelante.

💜 **Relaciones abiertas.** En estas relaciones **hemos pactado con nuestra pareja que se podrán tener relaciones sexuales de forma esporádica o repetida.** Pero no nos podemos olvidar de que será imprescindible que se tengan muchas conversaciones de lo que queremos y de lo que ni de coña aceptamos. Este tipo de relaciones requieren muchísima comunicación y habilidades para la negociación bastante heavies.

En una relación abierta también puede existir la infidelidad. Si los acuerdos no son claros o estos no se cumplen, si uno estaba de acuerdo en un término, pero resulta que en el fondo el otro no..., tenemos un caldo de cultivo perfecto para dinamitarlo todo. Los acuerdos requieren revisión continua, pero también hay que prestar atención a si la reformulación del modelo de relación obedece a tus ganas de evitar el malestar que conlleva comprometerse.

En general, las relaciones abiertas están bastante castigadas a nivel social, ya que se tiene la idea de que son «la excusa para ser infieles», o incluso se llega a decir que si quieres de verdad a tu pareja es imposible que pienses en otras personas. *Bro*, que tus abuelos piensen eso es normal, pero tú con tu edad... En realidad, en este tipo de relaciones se necesita mucha reflexión personal y una enorme dosis de responsabilidad afectiva. Mira, te pongo un ejemplo: imagina que estás en una relación abierta, donde tú y tu pareja habéis decidido que está bien ver a otra gente. Ahora, eso no significa que puedas salir por ahí y hacer lo que te dé la gana. No, no, no. Antes habéis tenido que hablar sobre dónde están los límites y haber llegado a un acuerdo. Por ejemplo, puede que hayáis acordado que está bien tener citas con otras personas, pero que no queréis que se repitan, es decir, que no queréis amantes recurrentes. Ahí es donde entra la responsabilidad, ya que tendrás que respetar los acuerdos que has establecido y asegurarte de que no haya malentendidos.

LAS RELACIONES NO MONÓGAMAS NO SON SOLO UNA CARTA BLANCA PARA SER INFIEL, ¡NI MUCHO MENOS! REQUIEREN UN MONTÓN DE TRABAJO EMOCIONAL Y COMUNICACIÓN ABIERTA PARA QUE FUNCIONEN BIEN.

Tengas el tipo de vínculo que tengas, existen un compromiso y unos acuerdos que respetar.

💜 **Poliamor.** Consiste en **tener un vínculo afectivo con más de una persona**, que puede incluir sexo o no. Es decir, rápido y mal, se podría decir que en las relaciones poliamorosas hay amor, cariño o atracción, pero que no tiene por qué haber sexo. A diferencia de la monogamia, en el poliamor se parte de la premisa de que lo natural es la capacidad humana de querer a muchas personas a la vez. Dentro del poliamor, en función de las dinámicas y preferencias, existen dos estructuras principales:

♥ **Poliamor jerárquico:** existe una relación primaria, que se considera la más importante y con quien se comparten compromisos (vivir juntos, tener hijos, etc.) y una o varias relaciones secundarias con las que no se tiene el mismo nivel de compromiso que con la primaria.

♥ **Trieja:** se trata de una relación de tres en la que existe igualdad entre los miembros, es decir, no hay una jerarquía. Cada miembro está involucrado con los otros dos y existe el mismo nivel de compromiso.

♥ **Anarquía relacional.** En este modelo las relaciones no se someten a ningún tipo de norma impuesta. No hay reglas rígidas ni roles predefinidos, es como un ***«break the rules»*** relacional. En lugar de seguir un guion establecido de cómo deberían ser las relaciones, la anarquía relacional aboga por la libertad. Esto no significa que hagamos lo que nos da la gana y descuidemos nuestros vínculos, al revés, requiere de más trabajo porque hay que hablar, hablar y hablar para llegar a acuerdos más específicos. Por lo tanto, en lugar de etiquetar las relaciones como «amigos», «pareja» o «compañeros de trabajo», la anarquía relacional deja que las relaciones florezcan y evolucionen de forma natural sin ponerles límites.

Los modelos relacionales son como los tejanos: tú no tienes que adaptarte a ellos, son ellos los que se tienen que adaptar a ti. Si no te vale una talla, pues eliges otra, pero no intentes caber en unos tejanos que te aprietan hasta la jujita. Escoger un modelo u otro dependerá de muchos factores, y no te tienes por qué casar con ninguno, puedes ir cambiando de opinión con el tiempo. Puede que en un momento de tu vida te enamores de dos personas y quieras experimentar qué es eso, y puede que más adelante solo quieras comprometerte con una. O al revés. Todas las opciones son igual de válidas.

NUNCA ACCEDAS A UN MODELO RELACIONAL POR PRESIÓN, DEBES DESEAR ESTAR EN ESE TIPO DE VÍNCULO.

EL QUE NO ARRIESGA NO PIERDE, PERO TAMPOCO GANA

En numerosas ocasiones, debido a nuestra historia de aprendizaje (en español: nuestra experiencia con las relaciones) tenemos miedo a arriesgarnos a dar el paso de conocer más a una persona y volver a equivocarnos y acabar así 💔. Pero, por suerte, existen cositas que nos podemos cuestionar para tomar una decisión más *confident*.

CÓMO SABER SI ME GUSTAS O SOLO ME ESTOY CONVENCIENDO DE QUE ME GUSTAS

Cuando compramos un móvil nuevo, aparte de elegir el modelo y el color, nos molestamos en mirar todas las prestaciones que tiene. Si la cámara es buena, si nos basta su capacidad de almacenamiento, si las opiniones en Google son positivas, etc. O, por poner otro ejemplo, cuando organizamos un viaje con las amigas miramos en qué lugar nos vamos a alojar y si hay microondas porque sabemos que es algo imprescindible para ver una peli con palomitas. Si te das cuenta, con casi todo tomamos decisiones asegurándonos antes de ciertas cosas, pero con las relaciones ya es otra cosita. Nos dejamos llevar por lo espontáneo como si reflexionar demasiado le quitase magia al asunto, cuando en realidad se la da.

Te dejo aquí algunas herramientas para que puedas formarte un criterio sobre lo que buscas y de esta manera poder tomar decisiones con más seguridad.

- **Mínimos.** Aquí entran comportamientos como que te trate con respeto y que tenga unos valores que tú consideras que son buenos. Vamos, que te trate como un ser humano.

Por ejemplo, que no te grite o no te conteste de forma agresiva no es que te trate bien, es que te está tratando de la forma que te mereces, y eso es un mínimo.

- **No negociables (*deal breakers*).** Aquello que consideras indispensables en tu relación. También pueden ser los rasgos o conductas que hagan que automáticamente esa persona no te interese.

Por ejemplo, si eres una persona muy implicada en el deporte y te gusta llevar hábitos saludables, puede que para ti sea un «no negociable» que la otra persona también sea deportista.

- **Preferencias.** Aquello que te gustaría, pero que no consideras indispensable.

Por ejemplo, siguiendo con el caso de antes, imagínate que para ti es indispensable que tu pareja practique deporte, pero resulta que ella practica tenis y tú vas a correr. Preferirías que le gustase el running para poder compartir esa afición, pero no lo consideras indispensable.

EN RESUMEN...

1 El enamoramiento es brutal, pero <u>no predice</u> que tu relación vaya a serlo.

2 <u>Nos aferramos a la ilusión de los principios románticos</u>, a menudo influenciados por las pelis, pero esto no predice la calidad de la relación a largo plazo.

3 <u>Que sientas algo muy fuerte no significa que tengas que actuar basándote en ello.</u> Podemos sentir atracción muy fuerte por alguien y que ese alguien no cumpla con ningún requisito de lo que buscamos.

4 Las expectativas y contextos juegan un papel fundamental en cómo nos conectamos con otros, y <u>conocer a la persona más allá de las primeras impresiones</u> es clave para construir relaciones genuinas.

5 Modelos relacionales: <u>existen diversos modelos relacionales más allá de la monogamia</u>, como las relaciones abiertas, el poliamor y la anarquía relacional, cada uno con sus propias dinámicas y acuerdos. Pero ninguno te hace más *cool*.

HOW TO DO

1. ¿Quieres conocer mejor a esa persona especial y no sabes cómo empezar? Te dejo aquí varios kits con preguntas y situaciones que puedes plantear para generar un contexto de intimidad según el psicólogo Arthur Aron. No es necesario que lo preguntes todo en la primera cita, ya que quieres conocer a la persona, no hacerle una entrevista de trabajo. 🌙

Kit 1

1. Si pudieras elegir a cualquier persona del mundo, ¿con quién querrías cenar?
2. ¿Te gustaría ser famoso? ¿De qué forma?
3. Antes de hacer una llamada telefónica, ¿ensayas lo que vas a decir? ¿Por qué?
4. ¿Cómo sería tu día perfecto?
5. ¿Cuándo fue la última vez que cantaste para ti mismo? ¿Y para alguien más?
6. Si llegas a los noventa años, qué preferirías: ¿mantener la mente o el cuerpo de una persona de treinta?
7. ¿Tienes una corazonada secreta sobre cómo vas a morir?
8. Nombra tres cosas que tú y la otra persona tenéis en común.
9. ¿Por qué cosas te sientes más agradecido en tu vida?
10. Si pudieras cambiar algo de ti, ¿qué sería?
11. Si pudieras despertarte mañana con una nueva cualidad o habilidad, ¿cuál sería?
12. Ahora, cuéntale tú a la otra persona la historia de tu vida con tantos detalles como sea posible.

Kit 2

1. Si una bola de cristal pudiera decirte la verdad sobre ti mismo, tu vida, el futuro o cualquier otra cosa, ¿qué querrías saber?
2. ¿Hay algo que hayas soñado hacer durante mucho tiempo? ¿Por qué no lo has hecho?
3. ¿Cuál es el mayor logro de tu vida?
4. ¿Qué es lo que más valoras de una amistad?
5. ¿Cuál es tu recuerdo más preciado?
6. ¿Cuál es tu peor recuerdo?
7. Si supieras que en un año vas a morir repentinamente, ¿cambiarías algo de tu vida ahora? ¿Por qué?
8. ¿Qué significa la amistad para ti?
9. ¿Qué papel juegan el amor y el afecto en tu vida?
10. ¿Cómo de unida está tu familia? ¿Sientes que tu infancia fue más feliz que la de la mayoría de las personas?
11. ¿Cómo te sientes respecto a tu relación con tu madre?
12. Ahora, proponle que digáis alternativamente cinco cosas que consideréis positivas de la otra persona.

Kit 3

1. ¿Cuándo fue la última vez que lloraste delante de otra persona? ¿Y en la intimidad?
2. ¿Hay algo que te parezca demasiado serio como para hacer bromas de ello?
3. Si fueras a morir esta noche, ¿qué es lo que más te arrepentirías de no haberle dicho a cierta persona? ¿Por qué no lo has hecho todavía?
4. De todas las personas que componen tu familia, ¿la muerte de cuál de ellos es la que te resultaría más dolorosa? ¿Por qué?

5. Plantéale este escenario: tu casa, en la que se encuentra todo lo que posees, se quema. Una vez salvadas las personas que amas y tus mascotas, todavía tienes tiempo de salvar una última cosa. ¿Qué sería y por qué?
6. Haz tres afirmaciones que afecten a ambos y que sean verdaderas. Por ejemplo: «Estamos ambos en esta habitación sintiendo...».
7. Completa esta oración: «Me gustaría tener a alguien con quien poder compartir...».
8. Imagínate que la otra persona es un amigo íntimo. Ahora comparte con él o ella algo que consideras que es importante que sepa.
9. Dile a la persona que tienes delante lo que te gusta de ella. Honestidad a tope.
10. Cuéntale un momento embarazoso de tu vida.
11. Comparte un problema personal y pídele consejo sobre cómo lo gestionaría.

2. Soy suuuperfan de las *checklists*. Aparte de ser muy útiles para organizarnos un poco la vida también nos pueden ayudar a construir criterios. Después de una o varias citas, te propongo que respondas a estas ocho preguntitas para ayudarte a saber si vas por buen camino con ese chico o esa chica. ✉

The Post-Date Eight:

1. ¿Qué lado de mí ha sacado esa persona?
2. ¿Cómo me he sentido físicamente?
3. ¿Cómo me he sentido después de la cita? Estoy con más energía, más tranquila...

4. ¿Me ha producido curiosidad esa persona?
5. ¿Me he sentido escuchada?
6. ¿Me ha hecho reír?
7. ¿Me he sentido atractiva?
8. ¿Me lo he pasado bien?

3. Si estás en una relación no monógama, aquí te comparto una lista de los *must* que se deben hablar y acordar para asegurarnos de que partimos de la misma base y la cosa va lo mejor posible:

¿Está pactado poder repetir con otras personas?

☐ Sí   ☐ No

¿Utilizaremos medidas de protección? ¿Cuáles?

☐ Sí   ☐ No

_____
_____
_____
_____
_____

¿Qué pasará si empezamos a sentir algo por otras personas?
_____
_____
_____
_____
_____

¿Qué nivel de transparencia vamos a tener respecto a nuestra actividad sexual? ¿Nos lo vamos a contar? ¿Queremos detalles?

_____

_____

_____

_____

_____

¿Cómo vamos a organizar nuestros horarios para poder dedicarnos tiempo de calidad?

_____

_____

_____

_____

_____

¿Cómo nos sentimos acerca de compartir espacios íntimos o domésticos con las parejas de nuestra pareja?

_____

_____

_____

_____

_____

Te invito a añadir las preguntas que tú tengas y las de tu/s pareja/s:

_____

_____

_____

_____

_____

🎬 Te dejo aquí referencias que en su día a mí me faltaron y que, probablemente, a ti también sobre relaciones no monógamas:

Pelis:

-*Vicky Cristina Barcelona*. Es una de mis pelis favoritas, toca taaantos temas del amor y desde un punto de vista tan diferente. Además, la estética es impecable.

-*Felices los 6*. Película mexicana dirigida por Chava Cartas, que se centra en un grupo de amigos que decide experimentar una relación poliamorosa. La historia explora los desafíos emocionales, los celos y las alegrías de compartir el amor entre más de dos personas.

-*Sense8*. Es muy típica, pero narra la conexión telepática entre ocho individuos de diferentes partes del mundo. A lo largo de la serie, se exploran diversas dinámicas de relaciones.

-*Kiki, el amor se hace*. Es una comedia española que narra historias entrelazadas de cinco parejas en Madrid, explorando diversas formas no convencionales de amor y sexualidad, incluyendo el poliamor y las relaciones abiertas.

LISTENING

2+1
JUDELINE

COOL
DUA LIPA

3. ¿TENEMOS SEXO CASUAL O HACEMOS EL AMOR DE FORMA CASUAL?

«Nos liamos, pero no fue nada». Mi amiga me miraba, con cara despreocupada, intentando que yo parase de preguntarle: «Pero ¿y cómo estás? ¿Te gusta, entonces? Si os liasteis es que tal vez algo hay, ¿no?». Ella insistía en que fue solo sexo, que estuvo muy bien y que tan amigos. Ante su persistencia, yo me lo creí.

Se seguían viendo de vez en cuando, a solas, sin que nadie supiera que se liaban. Mi amiga parecía estar bien con la situación, casi nunca hablaba del tema y delante de los demás actuaba como si nada. Hasta que…

Sábado por la noche, dos de la mañana en la discoteca. Él se está liando con otra. Mi amiga se queda paralizada, me agarra de la mano, me lleva al baño y me pregunta, entre sollozos: «¿Por qué se está liando con otra?». Yo me quedo a cuadros, le respondo algo así como: «Pero ¿estáis saliendo o algo? Pensaba que era sexo y ya…». Y ella venga a llorar. Entre sus sollozos, me da la razón, me dice que es verdad, que es culpa suya, que es tonta, que no sabe qué le pasa, pero que le ha jodido muchísimo ver a su amigo con el que lleva enrollándose unos meses besándose con otra, pero que en realidad le tendría que dar igual… porque no son nada. ¿¿¿???

EL SISTEMA NERVIOSO EN MODO AVIÓN ✈

De los creadores de «no te puto pilles» llegó «es solo sexo y ya». En los últimos tiempos, parece *super cool* y transgresor decir que no buscamos sentir nada cuando tenemos sexo. Lo guay es ser independiente y evitar a toda costa desarrollar cualquier tipo de emoción que pueda desencadenar en pedir cita a la psicóloga. Cuanto más *bad b*tch* o *bad boy* seas, más guay eres. Y, sí, en parte es cierto, puedes mantener sexo sin que exista una relación y un compromiso con esa persona, pero no puedes tener sexo sin afecto. No puedes poner el sistema nervioso en modo avión cuando mantienes una relación sexual, aunque a veces lo desearías, ¿verdad?

Quiero que sepas desde ya que no es mi intención convertirme en Zygmunt Bauman y empezar a hablar del amor líquido y blablablá, porque creo que suficiente tenemos con que se nos denomine «generación de cristal» como para encima tener que escuchar que los jóvenes de hoy en día no sabemos amar ni tener relaciones, algo que es falso. Lo que pretendo es que reflexiones un poquito sobre la creencia de que el sexo no implica emociones y que puede ser algo solo físico. Siento decirte que, si estás convencido de que esto es posible, la ciencia dice lo contrario.

Cada vez que mantenemos relaciones con alguien, se produce una tormenta de químicos en el cerebro que se disparan. Desde la oxitocina, que nos hace sentir más unidos a esa persona, hasta la dopamina, que nos produce esa sensación de euforia y felicidad (¡qué casualidad que sean los mismos químicos que cuando estamos *in love*!). Pero es que, además, compartimos intimidad con esa persona, y eso conlleva, a la fuerza, sentir.

Nuestro sistema límbico, el encargado de dar significado y regular nuestras emociones, se activa a tope cuando las cosas se ponen íntimas y compartimos la experiencia sexual con alguien.

Por lo tanto, queda demostrado que nuestro cuerpo no puede separar lo físico de lo emocional. El dualismo entre mente y cuerpo es otra psicomentira que nos han contado. Y, si no es así, ¿por qué en casi todas las canciones de reguetón que hablan de sexo, placer, deseo y excitación se refieren a emociones todo el tiempo? Bad Gyal, Plan B (el dúo del sex), Bad Bunny..., no sé, piénsalo.

Estar con ella en la playa como aquella vez
que nos dejamos llevar por deseos de la piel.
Eso que nos pasó nunca se me olvidó,
dejó de ser mi amiga esa noche de pasión.

«Entre la playa ella y yo», Big Yamo

Un «polvo» te puede despertar taaantas cosas, si no que se lo digan a Big Yamo.

Así que me da igual en quién estés pensando, la respuesta es sí, hubo emociones.

TENER SEXO CON UN PAR DE COPAS 🥂

Imagina que es fin de semana y sales de fiesta con tus amigos. Estáis en la discoteca y conoces a una persona que te atrae muchísimo. Os acabáis liando en mitad de la pista mientras suena «Safaera», de Bad Bunny, estáis muy disfrutones. Se hacen las cinco de la mañana y la discoteca ya cierra, tú tienes la casa libre y decidís ir juntos. Llegáis, charláis un rato (o no) y acabáis teniendo sexo. Hasta aquí, todo parece fluir, pero, después, esa persona se levanta, se dirige al baño sin mirarte y, al poco, se va de tu casa sin siquiera preguntarte cómo te has sentido. Si no te ha pasado (que ojalá que no), ¿cómo crees que te sentirías? Con toda probabilidad, como una mierda. Pues esta situación es de lo más común. Dado que a veces tenemos un miedo tremendo a sentir cosas y una tolerancia superbaja al malestar que supone que las cosas no fluyan y requieran de nuestra voluntad y esfuerzo, evitamos a toda costa este tipo de escenarios. Sin embargo, incluso en estos encuentros en apariencia efímeros y espontáneos como el que te acabo de mencionar, se despliegan dinámicas emocionales y afectivas que son inevitables, por mucho que intentemos que no lo sean.

QUE SEA EFÍMERO NO LE QUITA VALOR NI LO CONVIERTE EN ALGO VACÍO.

En el momento en el que establecemos interacción con una persona (volviendo al ejemplo de la discoteca, en el momento en que bailamos o le decimos nuestro nombre), ya nos estamos relacionando. Y relacionarse requiere de ciertas responsabilidades que, a veces, pasamos por alto. Si decidimos compartir una experiencia sexual con alguien (aunque sea «un polvo y ya»), le debemos un respeto y tratarla como una persona humana. No somos vehículos del placer, no somos de usar y tirar. En ninguna circunstancia.

FRIENDS WITH BENEFITS

A lo largo del tiempo, hemos ido creando conceptos para denominar las diferentes dinámicas que pueden existir en las relaciones que no son tradicionales. Podemos hablar de líos, rollos, amigos con derecho a roce, follamigos...

Toda esta jerga es de lo más útil y necesaria, siempre y cuando la utilicemos bien. A veces, ponemos este tipo de etiquetas a nuestras relaciones para quitarle valor al vínculo o justificar nuestra falta de responsabilidad afectiva (en el capítulo 7, encontrarás más info sobre esto)..., como si la etiquetita nos diera la excusa perfecta para hacer *ghosting* o aparecer y desaparecer en la vida de esa persona cuando nos dé la gana.

Existen momentos de nuestra vida en los que no nos apetece comprometernos con alguien ni iniciar una relación con proyecto de futuro. Pero, a su vez, puede ser que sigamos manteniendo relaciones esporádicas o por casualidad conozcamos a una persona que nos interesa. Y es lo normal, somos seres sociales y necesitamos relacionarnos de forma constante. Nada de esto no te hace menos guay o una persona con ✦dependencia emocional✦.

Tenemos superinteriorizado que las relaciones valiosas tienen como propósito durar para siempre, porque la lógica nos dice que cuando algo nos gusta mucho y nos aporta valor no queremos que se vaya nunca. Pero ¿y si el «vamos fluyendo» nos hace felices? No tenemos por qué proyectarnos con cada persona que conocemos y nos parece interesante. ¿Acaso ese amor de verano de cuando tenías diecisiete años no fue importante para ti? ¿No lo sentiste eterno mientras duró? Y esa relación de cinco meses que todavía no has olvidado, ¿tuvo menos valor para ti por el hecho de que no llegaseis muy lejos?

NO TODO LO ETERNO ES TRASCENDENTAL NI TODO LO TRASCENDENTAL ES ETERNO. QUE UNA RELACIÓN NO SEA PARA SIEMPRE, NO LA HACE MENOS IMPORTANTE.

Se nos enseña a valorar la permanencia como un indicador de éxito y significado en nuestros vínculos. Sin embargo, este enfoque puede ser muy limitante. Por un lado, nos puede robar posibilidades de vivir el amor de forma intensa y profunda y, por otro lado, nos puede llevar a proyectarnos con alguien que ni siquiera tenemos claro que nos gusta. El tiempo jamás ha sido un indicador de que la relación funciona bien y, si no, mira a todas las relaciones de cuarenta y tantos años que son un absoluto fracaso.

Sin embargo, lo que sí que es crucial en cualquier relación es hablar de cuáles van a ser nuestros acuerdos (de esto no se libra ni Dios) para evitar hacernos daño. Dejar las cosas claras desde el principio nos ahorrará bastantes movidas y a la larga construiremos relaciones más satisfactorias (del tipo que sean). ¿Qué estamos dispuestos a dar en este momento? ¿Con qué no podemos o no queremos comprometernos ahora mismo? Las cosas que tenemos a nuestro alcance son las de ahora. No podemos prometerle a nadie un compromiso para mañana, como si lo que tuviésemos ahora fuese un periodo de «prueba». En las relaciones no podemos resetear, importan desde el minuto cero.

UNA ETIQUETA NO GARANTIZA QUE BUSQUÉIS LO MISMO Y QUE OS GUSTE TODO DE LA MISMA FORMA. NO DES NADA POR HECHO.

Después de dejarle claro a la otra persona lo que queremos, tenemos que ser coherentes con nuestras palabras y actuar en consecuencia. Porque, si no, luego ✦pasan cositas✦. Cositas como que hacemos daño a esa persona, le mareamos la cabeza, le creamos ilusiones y un largo etcétera (o nos hacen daño, nos marean la cabeza y nos crean ilusiones).

Si le decimos a alguien que no queremos nada «serio» y que mantendremos contacto solo en momentos puntuales, pero luego resulta que le damos las buenas noches todos los días..., muy coherentes no estamos siendo. Si después de decirle a esa persona que no tienes ningún tipo de sentimiento romántico hacia ella, luego en un momento intensito le sueltas un «te quiero», le estás enviando señales muy confusas. Si, a pesar de ser consciente de esto, lo sigues haciendo, estás jugando con sus emociones. Eso no es justo, es manipulación.

A continuación, te dejo una serie de preguntas que te puedes hacer con esa persona con quien tienes un vínculo, sea un follamigo, un rollo o algo a lo que todavía no has puesto nombre.

1. ¿Con qué frecuencia tenemos contacto? ¿Y por qué vía?
- Todos los días, los findes de semana, cuando salimos de fiesta...
- Por WhatsApp (o cualquier tipo de mensajería instantánea), solo llamadas, por Instagram...

2. ¿Nos vamos a involucrar con alguien más? ¿Nos vamos a contar cosas sobre otros vínculos?
- Sexoafectivamente, sí; de forma romántica, no...
- No nos lo vamos a contar; nos los contaremos, pero no daremos detalles...

3. ¿Vamos a contárselo a nuestro círculo o queremos que sea algo privado?
- Amigos, familiares...
- Los vamos a publicar en redes, vamos a dejar que otros nos etiqueten juntos...

SÉ COMO KAROL G, LAS COSAS CLARAS.

Pero no debí porque tú te me ilusionas.
Yo solo quiero sexo, bebé, yo estoy bien sola.

«Kármika», Karol G y Bad Gyal

Vamo a hacerlo por última vez, bebé.
Que en el amor no, pero en la cama nos entendemos.

«X si volvemos», Karol G y Romero Santos

POQUITO SE HABLA DE LOS «CASI ALGO»

Siempre pienso que vas a volver, siempre pienso que hoy es el día en el que por fin me dirás que en realidad sientes cosas por mí. Siempre pienso que no ha sido suficiente, quizá con una copa más me hubieses contado qué es lo que te mueve por dentro. ¿Y si me hubiese puesto ese vestido, te hubieses acercado tú? ¿Por qué siempre parece que falta algo? A veces tengo la sensación de que tienes miedo, pero en realidad luego algo me recuerda que eres un cobarde y se me pasa.

Antes de nada, vamos a partir de que los «casi algo» o *situationship* no existen. Desde que interactuamos con una persona durante un periodo de tiempo, estamos generando una conexión. Piénsalo de esta forma: cada vez que quedas con esa persona, cuando te da like y te responde una historia, cada vez que quedáis para ir a tomar algo o cada vez que os enviáis un meme o chateáis, estás generando una conexión. En el momento en el que decidimos compartir parte de nuestra vida con esa persona, ya estamos estableciendo lazos.

Son muchas las veces que escucho este tipo de cosas: «Hablamos muy de vez en cuando, pero no somos nada», «Nos vemos cada fin de semana, pero no somos nada», «Mantenemos sexo tres veces por semana, pero no somos nada». Espera..., ¿no sois nada o es que todavía no os habéis comprometido? ¿No sois nada o es que todavía no habéis tenido ni siquiera una conversación de lo que buscáis cada uno porque eso cortaría el rollo? ¿No sois nada o es que no le has preguntado qué busca contigo porque tienes miedo de que su respuesta no sea la que tú quieres escuchar y tengas que cortar por lo sano?

Cuando hablo de este tipo de dinámicas, causo cierto impacto cuando digo que los mal llamados «casi algo» generan mucho más dolor y malestar que incluso poner fin a una relación de años. Y no es porque sí, es porque este tipo de vínculos nunca llegan a definirse del todo. Dejan una herida enorme porque suelen terminar justo cuando todo está más intenso: en pleno enamoramiento. En esa etapa, como ya sabemos, todas las ilusiones y sueños sobre lo que podría ser se magnifican, por lo que romper en ese momento nos hace aún más daño. Nos quedamos llenos de incertidumbre pensando en lo que podría haber pasado y al final no pasó.

Los «casi algo» son duros porque hay un lazo emocional de por medio. Aunque nunca llegan a ser una relación con todas las letras, estos vínculos no aparecen de la nada; nacen de momentos juntos, de secretos compartidos y una intimidad que empieza a mostrarse y sugiere algo más grande. Esta conexión hace que terminar sea más que un simple «no éramos nada». Aunque no haya compromiso oficial ni etiquetas, las emociones fluyen y evolucionan esperando algo más sólido.

Ahí es donde el «no somos nada, pero...» entra en juego. Es un eco que no para, recordatorio de la ambigüedad y confusión que definen estos rollos. Esta frase muestra la paradoja de sentir algo real y profundo en algo que, para algunos, puede no parecer mucho. Este «pero» es como un umbral entre lo tangible y lo intangible, lo dicho y lo callado, y refleja esa lucha interna de aceptar lo que hay *versus* lo que uno quisiera que fuera. Al final, los «casi algo» nos hacen repensar qué es una relación y nos enfrentan a la naturaleza, muchas veces efímera, del cariño y del amor en esta época. Frases sin correlación:

No somos nada, pero nos cogemos de la manita cuando vamos por la calle.

No somos nada, pero te paso foto de lo que he comido todos los santos días.

No somos nada, pero cuando nos pasa algo vamos corriendo a contárnoslo el uno al otro.

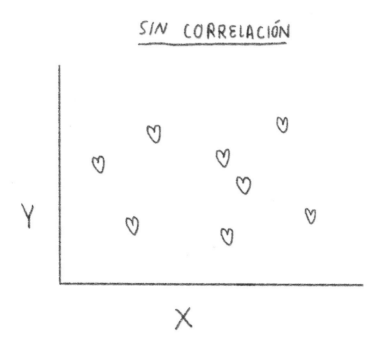

SIN CORRELACIÓN

Y

X

EN RESUMEN...

1 El sexo nunca es «solo sexo». El sistema nervioso no se puede desconectar y cada encuentro despierta emociones.

2 Que sea algo espontáneo o casual no quita que tenga que ser respetuoso.

3 Claridad y coherencia ante todo, sea con un follamigo, con un rollo o con quien sea.

4 Los «casi algo» duelen porque el vínculo se rompe en la fase de enamoramiento y enganche. Que no haya un compromiso oficial no significa que no produzca una inmensa desilusión.

HOW TO DO

1. Te propongo que tomes el control de tu historia de amor. Para empezar, reflexiona acerca de esos pensamientos que tienes sobre tu «casi algo» e intenta reformularlos (fíjate en los ejemplos de la tabla). Este ejercicio no te ayudará a eliminar esa incertidumbre, pero te impulsará a hacer algo con ella y a ganar agencia y control sobre tu *situationship*.

¿CÓMO ME SIENTO? (EN UNA FRASE)	¿QUÉ PUEDO HACER CON ESO QUE SIENTO?
Siempre estoy esperando a ver qué pasa entre nosotros.	Le voy a preguntar qué busca en realidad.
Un día parece que sí va en serio conmigo y al día siguiente está más seco.	Quiero constancia y si no está dispuesto a dármela, me iré.
Nunca sé cuándo le voy a volver a ver.	Voy a proponer yo un plan, a ver qué ocurre.
Dejo que las cosas fluyan porque me da miedo que definirlo le corte el rollo.	Propondré que hablemos en serio de lo que buscamos.

LISTENING

DEEP END
BIRDY

CÓGEME
ALEESHA

AMIGOS
ALEESHA

FRIENDS
MARSHMELLO & ANNE-MARIE

LOVE OF MY LIFE
QUEEN

─────────────────────────────⬤──────

90 MINUTOS
INDIA MARTÍNEZ

──────────────────⬤─────────────────

GRAND PIANO
NICKI MINAJ

───⬤─────────────────────────────────

**HOPE IS A DANGEROUS THING FOR A WOMAN
LIKE ME TO HAVE**
LANA DEL REY

─────────────⬤───────────────────────

4. EL AMOR TRANQUILITO Y SUAVE...

A los quince buscaba un malote al que cambiar, un tío sin control de impulsos, pero que conmigo consiguiese calmarse, un chico que me lo pusiese superdifícil, porque el amor iba de eso, ¿no? Luego me hice un poco más mayor, y solo quería encontrar una relación sana porque ser una celosa estaba mal y era de tóxica... Spoiler: tuve mi relación más tóxica de todas 🕵. Más adelante, después de todas estas decepciones, busqué la perfección. Me negaba a tener nada con nadie que no cumpliese todo lo que quería, pero nadie estaba a mi altura. Y a los veinte me di cuenta de que el amor no era nada de lo que llevaba buscando toda mi vida.

A pesar de mis múltiples cambios de perspectiva sobre las relaciones, hay algo que siempre se mantuvo constante a lo largo de los años: buscaba un amor intenso que me emocionara todo el tiempo, de no ser así, no tenía sentido para mí. Tras la historia con el cafre del que ya te he hablado, me enamoré muchas veces, cada una de manera diferente, en función del momento vital. Me enamoré de gente con la que no tenía nada que ver, la cagué y la volví a cagar, me rompieron el corazón y lo rompí yo también. Sin embargo, en cada historia, juraba haber encontrado el amor de mi vida. Y, en realidad, tenía razón.

EL AMOR Y LAS MÁQUINAS TRAGAPERRAS

Muchas personas que han tenido la suerte de no vivir el infierno de estar en una relación oscura y llena de sufrimiento, a menudo se preguntan cómo es posible que existan otras que pueden aguantar y tolerar este tipo de situaciones. Y es que, al contrario de lo que se suele pensar, en las relaciones con dinámicas feas, la realidad es que no todo siempre es oscuro. De hecho, precisamente por eso, a veces duran tanto.

A menudo, este tipo de vínculos alternan momentos de malestar intenso con episodios donde todo parece ideal. Se crea, por lo tanto, una dinámica muy confusa de altibajos que no lo pone nada fácil (esto también suele ocurrir con los «casi algo»). En psicología, lo llamamos reforzamiento intermitente, y consiste en no reforzar todas las conductas cada vez que aparecen, solo a veces. Esto tiene un efecto, y es que crea una expectativa incierta (no sabemos cómo va a responder la otra persona ante determinado comportamiento, ya que a veces ha respondido bien y otras mal). Ante esta incertidumbre, el comportamiento persiste durante más tiempo. Podemos observar un ejemplo clásico de refuerzo intermitente en las máquinas tragaperras. Cuando echas la moneda, no sabes si ganarás o perderás, lo que crea una fuerte motivación para seguir jugando. Las recompensas, cuando ocurren, son impredecibles, ya que pueden ser de mucho dinero o de unos pocos euros. Esta imprevisibilidad mantiene a los jugadores enganchados durante más tiempo, ya que tienen la esperanza de que en la próxima tirada sí va a haber premio. Y así es como se crea el enganche. El reforzamiento intermitente es uno de los patrones más efectivos para que alguien siga actuando de determinada forma, incluso cuando no existen recompensas constantes.

Ahora traslademos esta intermitencia a las relaciones. En los vínculos disfuncionales suele haber muchísimo de esto, lo que provoca un fuerte enganche. Te encuentras pensando cosas como «si un día me trató bien, ¿por qué no iba a arrepentirse y volver a hacerlo algún otro día?» o «si un día me hizo *ghosting*, pero luego volvió, ¿por qué esta vez no iba a ser igual?». Otro ejemplo similar ocurre con los likes de Instagram: no sabes cuándo recibirás esa dosis de validación social, lo que te mantiene constantemente revisando el móvil y esperando más notificaciones de gente *random*.

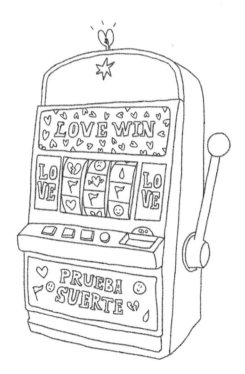

LA CAJA DE SKINNER
Y LA CIENCIA DETRÁS DEL ENGANCHE

Burrhus Frederic Skinner descubrió el fenómeno del refuerzo intermitente al realizar un experimento con ratones (eran los años treinta, ahora está prohibidísimo experimentar con animales). En una caja, había unos ratones a los que alimentaba de vez en cuando y de forma variable después de que tirasen de una palanca (no siempre que tiraban de la palanca llegaba la comida). En otra caja idéntica, había otros ratones que cada vez que tiraban de la palanca tenían comida. ¿Qué grupo crees que tiraba más de la palanca?

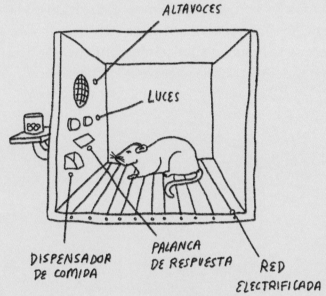

Aunque lo lógico sería que los ratones que sabían que la comida venía siempre tirasen más, pasaba justo lo contrario. La incertidumbre de saber que en algún momento el refuerzo (es decir, la comida) aparecería, generaba que los ratones de la caja «menos fiable» respondieran de forma más intensa y tirasen con mucha más frecuencia de la palanca.

En las relaciones intermitentes los momentos agradables se suelen vivir de forma más intensa y apetitiva. Es decir, cuando nos sentimos bien, lo experimentamos de forma intensa porque intuimos que no va a durar mucho. Se trata de un patrón impredecible de recompensas y castigos que provoca que los momentos positivos sean percibidos como más valiosos e intensos porque son inesperados y contrastan muchísimo con las experiencias más feas. Esta intensidad se debe a la incertidumbre: cuando llega un momento de cariño o reconocimiento es todo un alivio (como si te hubiera tocado el premio gordo en las tragaperras) porque la ansiedad de no saber si esa persona iba a volver desaparece. El reencuentro y la reconciliación son un momentazo, espectaculares, una experiencia emocional irrepetible (¡dopamina a tope!)..., claro, porque lo de antes ha sido de peli de terror. Si has pasado por algo similar, ojalá tu cabecita haya hecho clic al leer esto.

ME EMPIEZAS A ABURRIR

Te prometo que el amor tranquilo y sin dinámicas como las que acabo de mencionar también puede sentirse intenso y profundo, de hecho, lo puede ser más. Cuando salimos de relaciones que se han basado en dinámicas intermitentes o que han sido un ejercicio de esquivar y aliviar malestar es normal que lo pacífico y la ausencia de conflicto no nos parezcan cosas tan atractivas de primeras. A veces, asumimos que el amor es un reto. Y, claro, si a eso le añadimos que a lo largo de nuestra vida hemos ido absorbiendo que el amor más bonito es el intenso y complicado, pues imagínate qué combo.

ASUMIR QUE EL AMOR NO SURGE ES EL PRIMER PASO PARA CONSTRUIR RELACIONES BONITAS. EL AMOR SE CREA.

Después de enamorarnos hasta las trancas, existe una bajada que, aunque no nos hace mucha gracia, será la que nos permitirá acercarnos a ese amor más calmado y sereno. Nuestro cuerpecito no puede estar mucho tiempo experimentando cosas tan fuertes, así que, con el tiempo, se va calmando. Como diría mi yaya, «todo lo que sube, baja» y en el amor no es diferente. La explosión de *feelings* no es eterna. Conforme se va desvaneciendo esa idealización y empiezan a existir días en los que no nos aguantamos, cuando ya no sentimos esas cosquillitas en el estómago que nos gustan y nos activan tanto, nos vamos conociendo más y más, ya no hay novedad; ahí es cuando el enamoramiento está terminando. Y es que, no te voy a engañar, hasta a mí me está poniendo triste contártelo, pero créeme que entenderlo mejorará tus relaciones significativamente, *trust me*.

SPOILER: QUE LAS EMOCIONES PIERDAN INTENSIDAD NO SIGNIFICA QUE LA COSA SE ESTÉ YENDO A PIQUE. TODO LO CONTRARIO, ES LA SEÑAL DE QUE NUESTRA RELACIÓN ESTÁ MADURANDO. ES LA FASE DONDE SE CONSTRUYE LA VERDADERA CONEXIÓN, DONDE EMPIEZA EL AMOR DE VERDAD, CONFÍA EN MÍ.

El malestar es inherente a las relaciones, el amor no lo da todo.

ENAMORARSE ESTÁ DE LOCOS, PERO EL AMOR YA ES UNA COSA...

Como ya hemos visto, enamorarse es lo más fácil, no requiere de ningún tipo de esfuerzo extra. Al principio, todo sale rodado y de forma espontánea, la ilusión es inmensa. Y claro, cuando parece que afloja, nos sentimos estafados y es entendible que busquemos volver a sentirla de alguna forma. De hecho, muchas personas pasan por una fase a la que yo llamo el «miniduelo», ese momento en el que ya no lo vemos todo de color rosa y nos damos cuenta de que no vivimos dentro de *High School Musical* 😢. Como diría Mamen Jiménez, una de las psicólogas que más admiro del panorama actual, es la fase de aterrizaje. Pero ¿para qué tendríamos que querer todo el tiempo la «chispa» del principio? Veamos qué cosas tan guais hay dentro del amor de verdad.

A diferencia del enamoramiento, el amor requiere voluntad. Cuando decidimos comprometernos con alguien, debemos tener muy presente que no siempre vamos a tener las mismas ganas de cuidarle, y eso no significa que las cosas vayan mal. Si hay algo que nos diferencia de los perros salchicha es la capacidad de inhibir nuestros impulsos y no actuar siempre según lo que nuestras emociones nos piden. Nosotros disponemos del Google Maps emocional, nuestros valores, y en base a estos iremos hacia una dirección u otra en nuestros vínculos.

Uno de los errores más frecuentes en las relaciones que ya han pasado la fase del enamoramiento es dar por hecho el amor. Y no, el amor no tiene garantía asegurada. En general, esto ocurre porque tenemos la concepción de que si algo no nos sale del cora no es real. Durante mucho tiempo, me costó entender esto porque una parte de mí se negaba por completo a aceptar que todo lo que me habían vendido sobre el amor era mentira. Que lo que en *Love Actually* parecía pan comido, en realidad no lo era tanto, y que en el amor de verdad la cosa iba más bien de estar en silencio en el sofá sin que suene una banda sonora que lo haga todo más intenso.

> **«TE QUIERO LO SUFICIENTE COMO PARA SABER QUE SI MAÑANA ME DESPIERTO Y NO SIENTO NADA, LO SEGUIRÍA HACIENDO».**

LOS INGREDIENTES DEL AMOR

Recuerdo que, en la universidad estaba conociendo a un chico que **en realidad** no me gustaba nada, pero, como te contaba, las personas tenemos una capacidad enorme para convencernos de que algo nos gusta cuando, en verdad, no nos hace ni gracia. Un día, en clase de Psicología Social, la profesora explicó el famosísimo triángulo de Sternberg, que es un modelo superconocido que explica de qué está formado el amor. Según este modelo, está compuesto por la intimidad, el compromiso y la pasión. La explicación me pareció muy guay, porque por primera vez escuchaba una teoría que proponía y ordenaba un poquito los componentes del amor. Pero había algo que se me escapaba 🫣. El triángulo no representaba lo que yo tenía con esta persona... Quizá es porque faltaba uno de los componentes: el compromiso. Sin embargo, para mí esa relación era importante y válida y, sobre todo, sentía cosas bonitas...

♥ **Intimidad.** Esa conexión total que hay entre los miembros de una relación, ese *feeling* de estar en sintonía. Es saber que podéis contar el uno con el otro, que hay confianza, buen rollito y mucho cariño.

♥ **Compromiso.** Es esa decisión de quedarte en la relación, sin importar las montañas rusas que vengan. Son los recuerdos compartidos y las ganas de seguir adelante, pase lo que pase (creo que a estas alturas no es necesario que aclare que siempre y cuando se respeten los mínimos).

♥ **Pasión.** Esa atracción intensa que sientes cuando estás con esa persona. Son las ganas de estar cerca todo el tiempo (literal, hasta de ir a hacer la compra, *wtf*) y compartir momentos íntimos.

El triángulo de Sternberg me parecía útil para definir el amor, pero solo de manera parcial, porque, como te he contado, no terminaba de ver que mi relación con ese chico de la uni encajara en ese modelo. Sin embargo, tiempo después, descubrí que el autor divide el amor en siete tipos, y que no todos tienen las tres aristas del triángulo. Esto ya tenía mucho más sentido...

1. AMOR FATUO (PASIÓN + COMPROMISO) → Suelen ser relaciones en las que existe mucho disfrute sexual, pero en realidad no hay demasiado interés por conocernos ni generar espacios donde compartir las cosas que nos ocurren.

(A esa persona no le pasas el plato de garbanzos que te acabas de comer)

2. CARIÑO O AFECTO (INTIMIDAD) → Amistades, compañeros de la uni o del trabajo con los que tenemos buena relación, hermanas, papis, abuelos...

3. ENCAPRICHAMIENTO / FLECHAZO / TU CRUSH (PASIÓN) → Cuando todo es fácil porque solo hay emociones intensas o, al revés, cuando te obsesionas con tu *crush*, pero jamás te da bola.

Ay, la pasión, ¡qué potencia tiene!

4. AMOR VACÍO (COMPROMISO) → El típico matrimonio que lleva veinticinco años y que en realidad están por costumbre. Son relaciones en las que no existen ni la intimidad ni la pasión. También pueden ser relaciones que no tienen la suerte de poder separarse y tienen que seguir juntos sí o sí.

5. AMOR COMPAÑERO (INTIMIDAD + COMPROMISO) →
Existe mucha confianza y apoyo, pero falta cultivar la pasión.
Esto se suele dar en relaciones muy largas.

6. AMOR ROMÁNTICO (INTIMIDAD + PASIÓN) → Este
combo es bastante común, ya que cumple con las expectativas de lo que creemos que es el amor. «Sentimos muchísimo
y muy fuerte, hay cero problemas y, si los hay, los evitamos
porque el amor es todo color rosita». Como no existe compromiso, cuando algo se tuerce un pelín
se tambaleará toda nuestra relación. *(Que va a terminar pasando).*

7. AMOR MADURO (PASIÓN + INTIMIDAD + COMPROMISO) → Este aparece cuando superas de una maldita
vez que el amor no surge, que no es tan espontáneo como te
habían contado. Es el resultado de trabajar en una relación,
de saber cuidarnos.

Por lo tanto, ahora que Sternberg nos ha instruido sobre
los distintos tipos de amor, llegamos a la conclusión de que,
para que una relación funcione, debe existir compromiso, lo
cual no solo consiste en acordar cuál es nuestro concepto
de infidelidad, sino que va mucho más allá. Cuando decidimos comprometernos, estamos comprando muchas cosas,
casi el pack completo.

Como esto puede ser un poco aterrador, te he preparado
una receta de todo lo que necesitas para construir esa relación sana y bonita.

Receta del amor (cómo se hace el amor) ★ ★ ★ ★ ★

Ingredientes:

Compromiso condimentado con:

- Intimidad
- Conflictos: conversaciones incómodas y malentendidos (a fuego lento)
- Complicidad
- Días de aburrimiento (habrá días en los que nos aburramos y eso está bien)
- Seguridad: serás mi *safe space*
- Cuidados
- Sensación de equipo

Preparación:

Mezclar bien todos los ingredientes y servir. ¡Buen provecho!

AMOR Y BUSINESS

En las relaciones, si hay que entrenar una habilidad es la de saber negociar. Seguro que estás harta de escuchar que la comunicación es la base para que las relaciones funcionen bien y blablablá, pero aquí lo más importante es cómo lo hacemos y para qué.

Existen infinitos motivos por los que nos podemos enfadar. A veces, nos molestamos porque esa persona ha llegado tarde por tercera vez en lo que va de semana. Otras veces, porque habíais quedado en ver una comedia romántica y, sorpresa, ¡termináis viendo *El señor de los anillos* por enésima vez! Y, en otras ocasiones, porque tu pareja decide que el mejor momento para hacer una limpieza completa de la cocina es justo el fin de semana que tenías planeado estar de *chill*. Pero si observamos bien, detrás de estos enfados siempre hay algo de fondo: necesidades. Detrás del enfado porque tu pareja no llega se encuentra la necesidad de que respete tu tiempo. Detrás del malestar por acabar viendo esa película que no quieres, hay una necesidad de que tus preferencias también se validen, y detrás de molestarte por lo de la cocina está, por ejemplo, la necesidad de querer descansar con tu pareja y pasar tiempo de calidad.

El problema no es enfadarnos, es cómo nos enfadamos. El quid de la cuestión es cómo acabamos expresando y cómo transmitimos esa necesidad a la otra persona. Y, cuando estamos en caliente, no solemos hacerlo muy bien... Pueden aparecer cositas como la pasivo-agresividad, las horas y horas de conversaciones que no nos llevan a ningún sitio y el veneno que llevamos dentro.

Un concepto que te ayudará un montón a entender cuándo estás al límite y que explica muy bien esto que nos pasa cuando nuestra pareja nos saca de quicio es el *flooding* o, en español, «inundación». Se trata de ese momento en el que sientes cómo te suben los calores por causa de tu enfado, cuando las emociones son demasiado intensas, cuando ya no puedes pensar con claridad o reaccionar de manera calmada. Es como si tu cerebro ya no fluyera.

Como te he ido comentando a lo largo del libro, tenemos la suerte de poder controlar qué hacemos cuando nos sentimos así y no permitir que el enfado se haga aún más grande. Dado que no siempre es fácil, lee con atención el protocolo para discutir de forma útil y sana.

PROTOCOLO PARA DISCUTIR *CHILL* Y BIEN 🍃

Paso 1: ¿Qué somos? ¡Un equipo! 🏀

• **Objetivo:** reconocer que estamos en el mismo equipo, no somos rivales. Tenemos que visualizarnos los dos juntos contra el problema.

• **Acción:** deja claro desde el principio que la meta es encontrar una solución juntos, no ganar el debate. Puedes hacerlo diciendo cosas como: «Esto me molesta muchísimo, pero quiero solucionarlo porque te quiero». Sí, sé que puede resultar muy incómodo perder el orgullo y decirle eso a alguien cuando estás hiperenfadado, pero cuanto más lo pongas en práctica, menos te costará. La clave es sentir que discutimos juntos, no separados.

Paso 2: Inicia la conversación de forma suave

• **Objetivo:** introducir el tema de discusión de manera suave y efectiva.

• **Acción:**

1. **Expresa lo que sientes en primera persona.** Comienza tus frases con «yo siento» en lugar de «tú haces». Por ejemplo: «Me siento poco valorada cuando no me das ni las gracias por haber organizado todo el plan del finde». De esta forma, nuestra pareja no se sentirá señalada y evitaremos más movida.

2. **Describe lo que ves, no juzgues.** Habla sobre hechos específicos y evita las generalizaciones. Evita palabras como «siempre» o «nunca».

3. **Habla sobre necesidades, no sobre quejas.** En lugar de decir lo que no quieres, explica lo que necesitas o deseas de tu pareja. Por ejemplo: «Me gustaría que

pudiéramos planificar al menos un fin de semana juntos al mes».

Paso 3: Aplica la técnica del semáforo (*Time out*) 🚦

• **Objetivo:** mantener la discusión dentro de los límites de una interacción saludable y segura.

• **Acción:** cuando la otra persona haya dicho algo que te moleste o cuando estés a punto de empezar una discusión importante, para un segundo y pregúntate: «¿En qué color estoy?».

1. **Verde (todo está bien):** puedes continuar la discusión mientras los dos os sintáis cómodos.

2. **Amarillo (precaución):** si uno empieza a sentirse incómodo, ansioso, o si la conversación se calienta demasiado, se debe señalar diciendo, por ejemplo: «Estoy empezando a sentirme abrumado, necesito desacelerar un poco nuestra charla».

3. **Rojo (stop):** si la discusión se vuelve demasiado intensa e incluso sientes ganas de alzar la voz o de decir cosas hirientes a la otra persona, es momento de hacer una pausa. Puedes acordar tomar un breve descanso antes de retomar la conversación, asegurándote de que ambos estéis calmados. Ojo, aquí no sirve largarse sin avisar ni hacer la ley del hielo, ya que eso hará sentir muy mal a nuestra pareja y destruirá por completo la conexión que necesitamos para resolver el conflicto. Debes comunicarlo bien y suavecito, con un tono neutral: «Estoy bastante enfadado ahora mismo, me voy a ir a dar un paseo» o «Creo que ahora solo voy a explotar, así que me voy a duchar en quince minutos y vuelvo, ¿te parece?».

Paso 4: Escucha de forma activa, que se note

• **Objetivo:** asegurarnos de que los dos nos sentimos escuchados y comprendidos.

• **Acción:** cuando uno de los dos habla, el otro debe escuchar activamente, sin interrumpir. Después de hablar, el oyente puede parafrasear lo que ha escuchado para asegurarse de que lo ha entendido bien y validar los sentimientos de su pareja, diciendo algo como: «Entiendo que te sientas así».

Paso 5: Agradece

• **Objetivo:** finalizar la discusión reconociendo el esfuerzo del otro y reafirmando la importancia que tiene para nosotros la relación.

• **Acción:** independientemente del resultado de la discusión, termina expresando aprecio por la actitud de tu pareja y por su predisposición para hablar las cosas. Ayuda más de lo que piensas. Por ejemplo, puedes decir: «Gracias por hablar de esto conmigo, sé que no es fácil, pero me gusta mucho y me calma que lo comentemos» o «Te quiero mucho, y aunque no hayamos llegado a ninguna solución, mañana podemos volver a hablarlo».

LAS PERSONAS QUE ASEGURAN SER FELICES EN SUS RELACIONES VALORAN EL DÍA A DÍA, CONTINÚAN CREANDO RECUERDOS JUNTOS, EVITAN COMPARACIONES NEGATIVAS, MUESTRAN AGRADECIMIENTO POR SU RELACIÓN, SE ADMIRAN MUTUAMENTE Y EXPRESAN SU AMOR TANTO VERBAL COMO FÍSICAMENTE.

EN RESUMEN...

1 El reforzamiento intermitente, ese «ahora sí, ahora no», genera un <u>fuerte enganche</u> a relaciones que nos hacen sufrir.

2 La disminución de la intensidad emocional no indica el fin de una relación, sino que empieza el <u>periodo de maduración</u>.

3 Podemos clasificar las relaciones en <u>siete tipos</u> según la combinación de intimidad, compromiso y pasión que exista. El amor maduro es el único que incluye los tres componentes. Ni en el amor romántico ni en lo que tienes con tu *crush* hay compromiso.

4 <u>Aprender a comunicarse</u> es clave para solucionar conflictos. Grábate a fuego el protocolo para discutir *chill*.

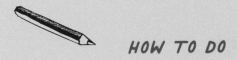

HOW TO DO

1. Te propongo un ejercicio para hacer con tu pareja y trabajar de forma continua y útil vuestra relación. Lo he llamado «Revisión periódica» o «SCC» y consiste en lo siguiente:

Instrucciones:
Encontrad un sitio en el que estéis solos y sin muchos estímulos (no me sirve un restaurante, prefiero que comáis pipas en un banco) y rellenad esta plantilla, una cada uno.

Start: aquí pondréis las cositas que queréis implementar porque sabéis que mejorarán vuestra relación significativamente. Por ejemplo: proponer más planes juntos.

Stop: en este apartado reflexionaréis sobre las cosas que deberíais parar de hacer porque tenéis muy claro que están deteriorando vuestra relación. Por ejemplo: dejar de discutir en caliente.

Continue: este apartado es para reforzar las cosas que están funcionando bien y que queréis que sigan en vuestra relación porque os hacen felices. Por ejemplo: dedicarle tiempo a la revisión periódica.

Start

_____
_____
_____
_____
_____

Stop

_____
_____
_____
_____
_____

Continue

_____
_____
_____
_____
_____

2. A continuación, practica lo de iniciar la conversación de forma suave. Puedes empezar con los siguientes ejemplos:

Tema: Uso del teléfono
- **Inicio duro:** «Siempre estás con el móvil incluso cuando estamos juntos».
- **Forma suavecita:**

_____
_____

Tema: Limpieza y orden de casa
  • **Inicio duro:** «Dejas todo un desastre y esperas que yo lo limpie».
  • **Forma suavecita:**

Tema: Relaciones familiares
  • **Inicio duro:** «Nunca quieres pasar tiempo con mi familia, parece que no te importan».
  • **Forma suavecita:**

---

3. Ahora haz lo mismo con todos los elementos de la plantilla que quieres discutir con tu pareja. Es normal que haya roces, sobre todo en el apartado «Stop», pero es importante que apliques lo aprendido y te dirijas a tu pareja de forma suave.

4. Volved a hacer esta revisión al cabo de un mes. Implementadlo en vuestra rutina.

Como he mencionado anteriormente, el malestar es algo que sí o sí está presente de alguna forma en las relaciones. Así que, con el fin de ayudar a mis consultantes con este tema creé este ejercicio que permite ver de forma más gráfica ese saco de malestar que sabemos que puede aparecer.

Mete en esta bolsa el malestar que sabes que puede ser inherente a tu relación y que podrías tolerar.

La *tote bag* de tolerancia al malestar en pareja

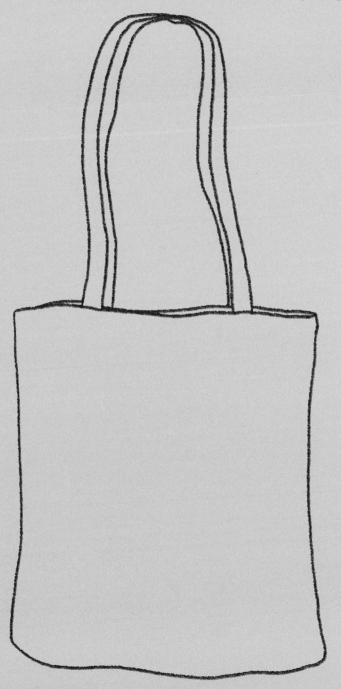

5. LA MOVIDA DE LOS LÍMITES

Una noche, en un elegante bar de Manhattan, Carrie conoció a Big, un chico encantador. Después de una conversación animada, Big sugirió ir a su apartamento. Carrie, aunque halagada, no se sentía cómoda con la idea. Con una sonrisa y seguridad, le dijo: «He pasado una noche increíble, pero no estoy lista para dar ese paso. Prefiero conocerte mejor primero». Big, respetando su decisión, le sonrió y respondió: «Claro, lo entiendo. Me encantaría seguir conociéndote, avísame cuando te sientas preparada». Carrie se sintió aliviada y orgullosa de haber puesto límites claros, demostrando que cuidarse a sí misma es lo más importante. Vale, ¿te imaginas que esto fuese así en la realidad? Más de la mitad de los problemas relacionales se solucionarían (y yo me quedaría sin trabajo). #broma

¿LÍMITE U OBLIGACIÓN? ¡QUE NO TE CONFUNDAN!

Poner límites en nuestras relaciones es de las cosas más importantes y difíciles que existen, y es clave aprender a hacerlo porque es una forma de cuidarnos a la hora de vincularnos con todo el mundo, desde tu mejor amiga de toda la vida, hasta tu tío Paco que ves una vez al año en la cena de Navidad.

En las relaciones de pareja en concreto, nos cuesta muchííííísimo poner límites porque tenemos demasiadas creencias erróneas interiorizadas (*fuck*, amor romántico, por enésima vez). Además, a menudo creemos que sabiendo poner límites se nace o no se nace, pero nadie nos ha dicho que en realidad es una habilidad que podemos y debemos entrenar. No quiero aburrirte con mucha teoría, así que mi intención es que termines de leer este capítulo y sepas diferenciar tres cosas superútiles:

MINIESQUEMITA DE COSAS IMPORTANTES

- LÍMITES (LÍNEAS ROJAS PERSONALES)
- REGLAS (DEMANDAS UNILATERALES)
- ACUERDOS (DECISIONES CONJUNTAS)

Qué son los límites:
- Acciones que llevamos a cabo para cuidarnos a la hora de vincularnos. Son las líneas rojas que no aceptaremos bajo ninguna circunstancia.
- Tienen que ver con nuestra conducta, no con la del otro.
- Son personales y te deben servir a ti.
- Sirven para saber qué vas a hacer si alguien cruza esa línea.
- Tipos de límites:
  - Innegociables: son aquellos, que no se pueden traspasar.
  - Negociables: no existen ¯_(:))_/¯. Tus propios límites no debes pactarlos con nadie más que contigo mismo.

Qué no son los límites:
- Advertencias: «Ni se te ocurra hablarme así».
- Amenazas: «Como vayas a esa fiesta, se acabó».

NOTA: Para poder poner límites debemos tener un contexto que nos lo permita. Es decir, podrás poner límites si estás en una relación respetuosa, donde se valoran las necesidades individuales y si cuentas con el apoyo de tu pareja. Si no es así, no hace falta que te molestes en poner límites, ya que es probable que la otra persona los cruce a la mínima.

Qué son las reglas:
- Demandas que tienen como objetivo cambiar, modificar o limitar un comportamiento de los demás.
- Se imponen de forma unilateral.
- Suelen funcionar desde el castigo, ya que la mayoría de las veces llevan implícita una amenaza o una advertencia.

Todo lo que me hubiera gustado saber antes de mi primer beso

Un ejemplo de regla sería: «Al entrar en casa, tienes que quitarte los zapatos (si no lo haces, me voy a enfadar)».

Qué son los acuerdos:
· Conclusiones a las que se llega por parte de los dos miembros de la pareja para cubrir una necesidad específica dentro de la relación.
· Se deciden en equipo, no son unilaterales.
· Se negocian.
· Son flexibles y pueden cambiar con el tiempo.
· Un ejemplo de acuerdo sería: «dedicaremos una noche a la semana a tener un plan de cita» o «acordamos ser monógamos y, si se produce una infidelidad, vamos a comunicarlo al otro y a hablarlo».

Con el esquema en mente, quiero que reflexiones sobre esta afirmación: La única persona que se puede saltar tus límites eres tú. Aunque a bote pronto suene extraño, la realidad es que a menudo planteamos muy mal y de manera ineficiente esto de poner límites en nuestras relaciones (porque, literal, es una movida). Una de las cosas que me ayudó en su día a disfrutar más de mi vida social fue entender que tengo cero unidades de control sobre la conducta de los demás. Como seguro que has hecho tú mil veces, antes intentaba poner límites a los demás, y lo que conseguía era solo frustración. Por ejemplo, me ponía muy seria y le decía a mi pareja: «Te he dicho que no me grites. Si lo vuelves a hacer me enfadaré». ¿Y qué conseguía? Él seguía gritando, yo me seguía enfadando. O sea: nada.

El «tip de los tips» es entender que yo soy la única persona de la faz de la tierra sobre la cual tengo control. La clave es comprender que, cuando pones un límite, en realidad te lo estás poniendo a ti mismo Yo te puedo pedir que dejes de gritarme ochenta veces y tú no dejarlo de hacer nunca, pero lo que sí que puedo hacer es largarme. Estoy trazando una línea en la arena no para controlar a los demás, sino para afirmar mi propio espacio y respeto personal. Podría pedirte con toda la amabilidad del mundo que dejes de gritar una y otra vez, pero si eso no cambia, la verdadera acción que puedo llevar a cabo es tomar las riendas de mi propio bienestar y decidir si seguir en esa situación o alejarme.

COMUNICAR UN LÍMITE NO ES PONERLO

Cuando nos enfrentamos al reto que supone establecer límites, a menudo caemos en la trampita de pensar que solo con comunicarlos es suficiente. Por ejemplo, imaginemos que hemos conocido a una persona y, después de cierto tiempo, entramos en la fase final del enamoramiento, donde suele empezar a haber malentendidos. De pronto, esta persona decide ignorarte o tener un comportamiento pasivo-agresivo contigo, en vez de comentarte que tiene un problema (si has llegado aquí ojeando el libro, mírate el capítulo 4, je, je). Tú te armas de serenidad y le dices: «Yo no voy a tener una relación con alguien que no me comunica que algo le ha molestado». Genial, ahí le has dicho lo que quieres y por donde no vas a pasar. Sin embargo, no has hecho nada todavía, no te has movilizado. Es crucial comprender que el mero acto de expresar un límite no garantiza su efectividad ni su respeto por parte de los demás.

PONER UN LÍMITE SIEMPRE REQUIERE MOVERSE.

Imagínate que estableces el límite de que necesitas tiempo para ti misma después del trabajo porque te está absorbiendo *too much*. Comunicas este límite a tu círculo cercano, les dices a tus amigas: «Tías, lo siento, pero entre semana voy a estar más *out,* salgo agotada del trabajo y necesito tiempo para mí. El finde soy vuestra». Bien hecho, hasta que, sin darte cuenta, empiezas a liarte otra vez con compromisos que socavan ese tiempo para ti.

En este punto, la comunicación inicial se debilita. Aquí es donde entra en juego la consistencia y la firmeza para respaldar tus palabras con hechos.

Asimismo, comunicar un límite implica ser claro y específico con tus necesidades y expectativas. No basta con decir «necesito más espacio», sino que es importante que definas cómo ese espacio se traduce en acciones concretas. Siguiendo el ejemplo de antes, además de anunciar que necesitas espacio, vas a reservarte dos horas los viernes por la tarde para leer y hacer tus cosas, y le dirás a la gente que por favor no te moleste durante ese rato y que te sabe mal, pero que no vas a estar pendiente del móvil ni vas a hacer las tareas del hogar (ya lo harás en otro momento).

Cuanto más claro y preciso seas en tu comunicación, más fácil será para los demás entender y respetar tus límites.

En resumen: comunicar **un límite es solo el primer paso (lo sé, es complicadito)**. La efectividad de ese límite radica en nuestra capacidad para mantenerlo y respaldarlo con acciones y conductas coherentes con relación a él. Es un proceso dinámico que requiere consistencia y muuucha práctica.

RECUERDA QUE LOS LÍMITES DEBEN TRADUCIRSE EN COSAS OBSERVABLES, EN CONDUCTAS.

Para que empieces con la práctica, puedes aplicar esta formulita:

FÓRMULA GENERAL PARA PONER UN LÍMITE

Límite = {Primera persona del singular} + {Acciones futuras (lo que voy a hacer} + {Si ocurre x}

«YO NO VOY A PERDONAR UNA INFIDELIDAD».

Comenzar desde la primera persona del singular te ayudará a tomar responsabilidad, agencia y firmeza. Después, indica las acciones que realizarás cuando esa persona tenga un comportamiento que no estás dispuesto a tolerar, y las condiciones bajo las cuales aplicarás esos límites en el futuro. ¡Eso ya es un pasazo!

Quiero añadir que no te debe asustar poner límites y pensar que una vez los has puesto, ya no puedes dar marcha atrás. ¡Qué va! Rectificar es de sabios y la vida es adaptarse o morir. Las relaciones no son estáticas, cambian y se transforman con el tiempo. Para adaptarse, los límites y los acuerdos se irán reformulando con el tiempo, ya que las necesidades irán cambiando. Por ejemplo, puede que llegue un momento en que ya no reclames tu espacio los viernes por la tarde porque por los motivos que sea ahora tienes mucho más tiempo libre durante la semana.

Decir que los límites no deben ser flexibles es como pedirle a Taylor Swift que escriba una canción sin destrozar a sus ex. Es imposible. Digamos que la cosa es un poco como bajar el contraste y subir el brillo a tus fotos: a veces, descubres que la combi que utilizabas antes ya no te gusta mucho y ahora prefieres solo subir el brillo. Por lo tanto, los límites no deben ser tan rígidos como la contraseña del wifi de tu abuela que nadie nunca recuerda (spoiler: nadie la recuerda porque nadie la ha cambiado, es la de la instalación). Tienes la capacidad de modificarlos, eliminarlos o incorporar otros nuevos que quizá no eras consciente de que los necesitabas. La decisión es tuya y de nadie más.

FRIENDLY REMINDER: LOS LÍMITES LOS ACTIVAS TÚ.

CUESTIÓN DE ACTITUD

Pensar en lo que quieres y poner límites no siempre viene acompañado de una sensación agradable. Para que no te pille desprevenido, te dejo aquí las dos actitudes que tienes que tomar si quieres que esto funcione:

Pon límites sintiéndote mal

Tenemos la creencia errónea de que cuando ponemos un límite automáticamente nos liberamos y nos sentimos superbién, cuando la mayoría de las veces no es así. Si no estamos acostumbrados a hacerlo, aparecen emociones de culpa y miedo, que muchas veces consiguen que volvamos a cruzar ese límite y que permitamos eso que no queremos. Es decir, no somos constantes con nuestras necesidades. Sentimos culpa por «abandonar» al otro y miedo a que nos rechace o deje de estar interesado en nosotros porque hemos marcado un límite. Si lo piensas bien, esto es muy heavy, porque la intención de poner un límite es cuidarnos y cuidar el vínculo.

Sé constante

Como casi todo en psicología, para conseguir asentar una conducta y que se quede un buen ratito en nuestro repertorio conductual (hablando en plata: que forme parte de eso que llamamos «personalidad») la tenemos que repetir varias veces. Porque si la hacemos de forma intermitente, esto tendrá otros efectos que harán que las otras personas piensen que pueden volver a cagarla con nosotros, sin que haya consecuencias (y no queremos eso).

Por todo eso, al poner límites debemos ser capaces de aguantar un pelín la sensación de malestar que puede venir después. Una vez pasado el trance, es posible que experimentes lo siguiente:

A. Que no pasa absolutamente nada por poner límites, al revés, mejoran de forma significativa tus relaciones, y las personas que te quieren de verdad y bien lo saben respetar.

B. Que la persona a la que le has puesto el límite ha reaccionado molestándote o haciéndote sentir mal, por lo que con toda probabilidad se estaba aprovechando de que no le habías puesto límites antes.

EL EXPERIMENTO DE LA PRISIÓN DE STANFORD Y LOS RIESGOS DE NO PONER LÍMITES

En agosto de 1971, el psicólogo Philip Zimbardo llevó a cabo un experimento en la Universidad de Stanford. Se seleccionaron veinticuatro estudiantes, a quienes se les asignó de forma aleatoria el rol de guardias o de prisioneros. Los prisioneros llevaban uniformes y un número de identificación, mientras que los guardias vestían uniformes y gafas de sol para evitar el contacto visual. La idea era que ambos grupos convivieran en el sótano del edificio del Departamento de Psicología, que simulaba una prisión.

Solo hicieron falta dos días para que ambos grupos internalizaran su rol y apareciese la hostilidad. Los guardias empezaron a creer que los presos eran peligrosos y los reclusos se rebelaron porque no querían llevar el uniforme. Los guardias comenzaron a usar la fuerza física y el experimento se fue de las manos. Zimbardo intervino para advertir que no se podía usar la violencia física, pero después recurrieron a la violencia psicológica, la humillación y el castigo. Algunos de los presos mostraron signos de angustia severa y tuvieron que ser sacados del experimento. Aunque tenía que durar dos semanas, el estudio se interrumpió después de solo seis días.

Conclusión: las personas pueden comportarse de forma muy cruel y autoritaria cuando se les da poder sin ningún tipo de límites.

EN RESUMEN...

1 Poner límites es básico para cuidar nuestras relaciones, sean de pareja, de amistad o del tipo que sean.

2 Los límites son personales e innegociables, las reglas son demandas unilaterales hacia otra persona y los acuerdos son decisiones conjuntas y flexibles.

3 Comunicar un límite es solo el primer paso, que sea efectivo dependerá de nuestra capacidad de respaldarlo con acciones.

4 Actitudes ganadoras a la hora de poner límites: sé claro, específico y constante, y hazlo aunque te sientas mal.

HOW TO DO

Ahora vas a poner en práctica todo lo aprendido con una serie de ejercicios que te ayudarán a poner límites de forma mucho más fácil. :)

1. Este es un ejercicio para que aprendas a distinguir entre límites, reglas y acuerdos. Tan solo debes completar la tabla:

	LÍMITE	REGLA	ACUERDO
«No te voy a esperar media hora cada vez que quedamos, quiero cuidar nuestra relación».			
«Tienes que llegar a las nueve a casa».			
«Yo no voy a estar en una relación donde no me pueda expresar emocionalmente».			
«No puedes dar like a otras personas en Instagram».			

	LÍMITE	REGLA	ACUERDO
«Necesito que me des más cariño por las mañanas, ¿cómo me lo puedes dar?».			
«No voy a volver a quedar con tus amigos, no me hace bien y quiero cuidar nuestra relación».			

2. Transforma en límites las siguientes reglas:

«Si vuelves a hablar así, se acabó todo».

_____

«O llegas a las nueve y media a casa, o habrá consecuencias».

_____

«Si vuelves a estar pendiente del móvil cuando estamos discutiendo, esto dejará de tener sentido».

_____

3. Completa los huequitos en blanco construyendo los límites. Empiezo yo con un ejemplo:

Situación 1. Imagina que llega el fin de semana y tu pareja te dice que quiere salir de fiesta, pero a ti solo te apetece descansar y noche de mantita y Netflix. Le dices que no te apetece, que salga ella con sus amigos, pero te presiona y te hace sentir mal.

¿Qué harías? Esto sería poner un límite: «No voy a salir hoy, estoy muy cansada y prefiero quedarme en casa. Te agradecería que no me hagas sentir mal por ello».

Situación 2. Un amigo te pide que le prestes dinero, pero sabes que ha tenido dificultades para devolvértelo otras veces.

Límite:

_____

_____

Situación 3. Tu pareja se ha acordado a última hora de que le había dicho a su madre que iríais a cenar. Te pide que por favor no le dejes colgado, aunque tú ya te habías comprometido con tus amigas para ir al cine.

Límite:

_____

_____

4. Ahora que ya sabes poner límites, piensa en esas cosas que te molestan e intenta describir cómo te sientes. ¿Qué emociones te están señalando que algo te está haciendo daño?

5. Escribe cinco límites que para ti son imprescindibles en una relación de pareja:

_____

_____

_____

_____

_____

LISTENING

Te puede parecer duro esto de poner límites y estoy segura de que vas a dudar de ti. Por suerte, tenemos grandes referentes que saben poner límites como unas reinas. ¿Por qué no aprender de ellas? Son pura inspiración.

6. Encuentra al menos dos límites en la canción «New Rules», de la reina Dua Lipa. Escribe los versos aquí:

_____   _____
_____   _____
_____   _____
_____   _____
_____   _____
_____   _____

¿Qué límites está poniendo?

_____
_____
_____
_____

7. Escucha por 33.920 vez (espero) el temazo «Space», de Taylor Swift. Solo quiero que te fijes en la letra y reflexiones sobre ella. *Easy*, ¿no?

_____
_____
_____
_____

CUADERNO DE SOLUCIONES

1.

	LÍMITE	REGLA	ACUERDO
«No te voy a esperar media hora cada vez que quedamos, quiero cuidar nuestra relación».	X		
«Tienes que llegar a las nueve a casa».		X	
«Yo no voy a estar en una relación donde no me pueda expresar emocionalmente».	X		
«No puedes dar like a otras personas en Instagram».		X	
«Necesito que me des más cariño por las mañanas, ¿cómo me lo puedes dar?».			X
«No voy a volver a quedar con tus amigos, no me hace bien y quiero cuidar nuestra relación».	X		

2.

«Si vuelves a hablar así, se acabó todo».

«Yo no quiero escuchar malas palabras ni groserías de este tipo, si me hablas así voy a decidir no contestarte y no seguir con la conversación».

«O llegas a las nueve y media a casa, o habrá consecuencias».

«Yo quiero que cenemos todos juntos, así que te esperaré hasta las nueve y media, si a esa hora no has venido, cenaremos todos sin ti».

«Si vuelves a estar pendiente del móvil cuando estamos discutiendo, esto dejará de tener sentido».

«No voy a discutir o dialogar contigo si mientras tanto decides estar con el móvil. Quiero cuidar la calidad de nuestros conflictos, así que me retiraré si haces eso».

3.
Situación 2.
Ejemplo de límite: «No voy a volver a prestarte dinero de momento. He notado que ha sido difícil para ti devolver préstamos anteriores, y quiero asegurarme de proteger nuestra amistad. Estoy aquí para apoyarte de otras formas, pero los préstamos no son algo en lo que me sienta cómodo participando en este momento».

Situación 3.
Ejemplo de límite: «No voy a ir a cenar a casa de tu madre porque ya me había comprometido antes. No me hagas sentir mal por ello y, para otras veces, intenta acordarte y decírmelo con más antelación para que me pueda organizar».

6. CELOS Y OTRAS COSITAS

En mi teenager *era tuve varias relaciones, y una de ellas, como ya te he comentado antes, estuvo muy influenciada por el discursito de la toxicidad. Por suerte o por desgracia, me tocó comerme con patatas la moda de que, si sentías celos, eras una tóxica y, si tenías una relación abierta, eras una tía guay, alternativa y* super open-minded. *Supongo que sabes perfectamente a qué me refiero, sobre todo si estabas en Twitter.*

Hermética

Son las jodidas dos de la mañana
y todavía sigo pensando en que podría coger mis cosas,
pero jamás sería capaz de irme,
como Lorde en «Luz verde».
Y tú has salido
y ni siquiera mi cabeza es capaz de imaginarse
que serás capaz de deshacerte en la boca de esa
tía que me juraste que era una mediocre.

Son las cuatro de la mañana y me tengo que ir a casa,
te despides dibujando un corazón en mi mejilla,
pero yo ya estoy demasiado triste,
tengo que fingir que no tengo ni idea
de que vas a acabar haciendo lo de siempre.
Tengo que hacerlo para no romperme más, tengo que
concentrarme tan fuerte en lo bonito que no puedo evitar que me parezca que hace apenas cinco minutos me
hayas secado las lágrimas que tú mismo has provocado.

Lo has conseguido, has conseguido que me quede en un
lugar donde me hacen dudar de lo que acabo de decir.
La duda es necesaria, pero nunca cuando se trata de poder irse.

Son las seis de la mañana y recibo un mensaje que apaga
la luz del todo.
No encuentro el móvil…
¡Joder, me juraste que era una mediocre!
Me engañaste, pero te arrepientes.

Lo pone en tu tatuaje: «No me arrepiento de nada»,
una señal de doscientas que he decidido ignorar porque
siempre he sido bastante buena en ver las cosas que fun-
cionan mal desde el principio,
pero quedarme a ver qué pasa.

Son las siete de la mañana y sigo en mi casa con ganas
de vomitar,
y tú has salido de fiesta después de decirme a la cara que
la ibas a besar,
así que no me intentes puto tranquilizar.
¿Quién cojones se atrevería a estar en paz a tu lado?
Solo una ignorante,
solo yo.

Son las dos de la tarde y si me toco la cara solo siento
hueso y cartón,
ayer me caí por las malditas escaleras y mientras lo hacía
solo quería seguir cayendo, porque estaba convencida
de que, si me levantaba, tú ya no ibas a seguir ahí.
Ibas a estar donde te pertenece, o sea, con nadie,
pero besando a esa chica con la que me mandaste una foto.

Porque siempre te vas cuando se trata de ponerte serio,
porque siempre tienes un «te quiero» bajo la manga,
y absolutamente siempre me convence de que en realidad
no eres tan malo como todo el mundo.
Quiero ser mala yo también porque solo así podré camuflar
que eres tan hijo de puta.
Pienso en hacerte daño, pero es imposible.
Es un martes a las cuatro y me juras que soy lo mejor que

te ha pasado
mientras intentas deshacerte de cualquier cosa
que pueda probar que siempre mientes.
Ya ha pasado toda la noche y lo único que me tranquiliza
es haberme dado cuenta de que tú no podías deshacerte
en la boca de nadie,
no puedes deshacerte, a secas, porque las cosas
a mitad no pueden hacerlo.

Estoy esperándote con mis cosas, pero llegas tarde.
Al final no vienes y me alegro
porque sé que entonces jamás sabré irme.
Te tienes que ir tú.
Si te digo adiós yo, volverá a llover y yo volveré a perdér-
melo como una estúpida.

12 de diciembre de 2017

A pesar de que me dé un poquito de vergüenza expo-ner lo que escribía con diecisiete años al borde del colap-so, siento que es una forma de conectar con eso que pude llegar a sentir y trasladártelo a ti de la forma más pura y ge-nuina. Recuerdo que todos mis findes eran así, y muchas veces empezaban el miércoles. Me recuerdo con ojeras como moratones y muy pálida. Me daba igual todo lo que su-cediese a mi alrededor, solo me importaba esa persona y lo que podía hacer conmigo. Me daba tan igual todo que no era capaz de sentir dolor por otras cosas, lo rota que estaba se lo llevaba todo. Solo me importaba si ayer me había sido infiel o si hoy lo era todo para él. Solo quería saber si se enamo-raba de otra chica que no fuese yo. Y si a ella era capaz de hacerle lo que me hacía a mí o la trataba mejor. Solo deseaba que llegase el domingo al mediodía para que me contase qué había ocurrido la noche anterior. Para que me contestase a los cincuenta putos mensajes que le había enviado desde las ocho de la tarde. Solo quería que llegase el día siguiente porque, además, quería liberarme de esa culpa que me suponía haber sido esa «tóxica» que no paraba de enviarle mensajes, esa «novia insegura» que no es lo suficientemente abierta de mente como para que su pareja le sea infiel. Y, cuando decidía contármelo, se esforzaba en destrozarme y señalarme cada una de las cosas que ella tenía y yo no. Pero me daba igual, en el fondo «me quería a mí», en el fondo siempre volvía a quien amaba de verdad.

Un día, en el descanso de la biblioteca, una amiga me ofreció una crepe de Nutella que estaba riquísima. Estábamos hablando y, al cabo de unos minutos, empezó a notar que me estaba poniendo superroja y me avisó. La crepe llevaba nueces y no me había dado cuenta. Soy alérgica. Llegué a casa y estaba hinchada como un globo, tenía un poco de cuerpo en mi reacción alérgica. Pero me daba igual, el picor y no poder respirar eran el mínimo de mis problemas en ese momento. No podía dejar de pensar en que esa persona que quería había elegido «reemplazarme» por esa chica que decía no importarle. La persona que juraba quererme se había largado y me había dejado con las manos vacías. Ese chico era más importante para mí que el hecho de que no pudiese respirar.

No fue hasta pasado mucho tiempo cuando me di cuenta de que lo que sentía en esos momentos no estaba mal, como ninguna emoción que pude tener durante esos años tan oscuros. Esas emociones estaban ahí por y para algo, y ahora mismo te lo cuento.

NO HATE *A LOS CELOS* 🛑

Y me da por registrarte el bolso, mi amor.
Y el corazón me lo destrozo, mi amor.

«Pastillitas», Yung Beef

Los celos son una de las emociones más demonizadas entre las personas de mi generación. Por un lado, es brutal todo el acceso que tenemos a información con la que podemos aprender a relacionarnos mejor y de forma más consciente. Pero, por otro lado, a veces asumimos determinados discursos sin ser críticos. Me da la impresión de que hemos construido un discurso sobre los celos que es de todo menos funcional.

Los celos aparecen cuando percibimos una amenaza y, por lo tanto, tenemos miedo de perder nuestro lugar en una relación. Este tipo de miedos suelen tener origen en nuestras vivencias y experiencias pasadas y en nuestra historia de aprendizaje. Y con experiencias pasadas no solo me refiero a *daddy issues* o a que nos hayan sido infieles, también me refiero a lo que hemos absorbido desde peques, es decir, a la socialización. Cuando viste que Maléfica sentía unos celos tremendos por Aurora en *La bella durmiente* e intentaba con todas sus fuerzas vengarse de ella aprendiste algo sobre los celos. O cuando viste en *Toy Story* que Woody siente celos de Buzz Lightyear porque teme dejar de ser el juguete favorito de Andy, aprendiste algo sobre los celos.

Todo esto te lo cuento para que entiendas por qué están ahí, pero en realidad lo importante es lo que haces con ellos.

El hecho de sentir una emoción no significa que tengas que hacer algo rápidamente con ella y, sobre todo, no significa que seas una persona tóxica.

SENTIR CELOS ≠ SER UN / UNA TÓXICA

OJO DE LOCA NO SE EQUIVOCA 👁👁

El hecho de que una emoción sea desagradable no significa que no deba estar ahí. De hecho, las emociones se mantienen ahí porque están cumpliendo una función, *promise* :) Los celos no son irracionales, pueden venir de mí (mis miedos, mis inseguridades, una fuerte necesidad de control en mi vida) o de que simplemente estoy ✦observando✦ comportamientos de esa persona que son incongruentes y que no me cuadran.

A veces, los celos pueden ser esa alarma que nos está avisando de que algo no va bien. A menudo son respuestas a percepciones reales de amenazas o cambios. Eso que a veces llamamos intuición, en realidad es que lo estamos viendo claro... Los celos pueden estar diciéndonos muchas cosas, por ejemplo, que estamos notando falta de atención y cuidados por parte de nuestra relación, que se están rompiendo nuestros acuerdos o que queremos reformularlos porque ya no nos sentimos a gusto con los de antes. Por esto mismo, es primordial que cuando aparezcan no intentes reprimirlos o evitarlos solo por miedo a no parecer un tóxico o una tóxica. Aquí lo importante es lo que haces con ellos.

Los celos son una emoción difícil de procesar porque vienen cargaditos de ✦incertidumbre✦ y ansiedad, por lo que nos generan malestar e intentamos eliminarlos. Para aliviar este *mood* tan incómodo, realizamos lo que en psicología llamamos «conductas celosas». A continuación, te dejo una minilista de las más comunes:

• Mirarle el móvil.
• Preguntar muchos detalles sobre qué pasó ayer cuando salió de fiesta.
• Cotillear perfiles de otras personas que se relacionan con nuestra pareja.
• Mirar sus stories durante toda la noche.

Cuando tenemos celos podemos: 🩹
1. Romper el bucle de comprobación: no le mires el móvil, no mires si está en línea o su Instagram todo el tiempo (si hace falta apaga y guarda tu móvil en el baño).
2. Sentir el malestar y pasar a otra cosa.
3. Comunicarlos de forma asertiva, sin caer en la trampa de intentar comprobar si nuestras hipótesis eran ciertas.
4. Ir a terapia si lo anterior no funciona. :)

LA CLAVE: ROMPER EL BUCLE DE LOS CELITOS 🔨

Siempre que explico la problemática de los celos no puedo evitar utilizar a Candace Flynn de *Phineas y Ferb* como ejemplo. Es un personaje maravilloso que, a lo largo de la serie, está obsesionada con «delatar» a sus hermanos, Phineas y Ferb, delante de sus padres por sus extravagantes y a menudo imposibles proyectos de verano. A primera vista, su comportamiento puede parecer exagerado y graciosillo, pero si profundizamos un poquito más encontramos cositas interesantes.

La protagonista anhela la atención de sus padres, y es por eso por lo que, a menudo, muestra signos de celos, porque sus hermanos reciben más atención que ella. Para aliviar ese malestar, Candace emprende casi siempre el mismo ritual:

1. Candace descubre un nuevo proyecto de Phineas y Ferb, y esto le provoca emociones de inseguridad y miedo.

2. Se preocupa por las posibles consecuencias de los proyectos de sus hermanos y siente la responsabilidad de alertar a sus padres. Se monta unas pelis que flipas.

3. Comprobación: actúa sobre su ansiedad intentando «pillar» a sus hermanos con las manos en la masa para poder chivarse a sus padres.

4. Alivio a corto plazo: aquí es donde Candace intenta aliviar su malestar. Este alivio puede venir de varias fuentes (a continuación ya no te pongo ejemplos de Candace, sino de la vida misma):

EL BUCLE DE LOS CELITOS

La confianza es un cheque en blanco, aprender a tolerar esa incertidumbre de que exista la posibilidad de que nuestra pareja nos deje o nos sea infiel será la clave.

ROMPER

NOS RAYAMOS

ANTICIPAMOS A MUERTE

OTRA RAYADA...

¡ALIVIO!

FULL PRUEBAS

1. Fase nos rayamos. Imagínate que tu pareja o tu rollo sale de fiesta con su grupito y tú te quedas en casa. Empiezas a experimentar emociones de malestar. Te preguntas lo que estará haciendo, sientes inseguridad, tienes «malas intuiciones»...

2. Fase anticipamos a muerte. ¿Y si ha tonteado con alguien o le ha llamado la atención una persona nueva? ¿Habrá ido esa persona de la que me habló? Hoy le he notado raro por WhatsApp, ¿será que quiere dejarlo?

3. Fase *full* pruebas. Voy a mirar si ha subido alguna story o si ha seguido a alguien nuevo en Instagram, le voy a preguntar cómo le va la noche y con quién está.

4. Fase respirito. Vale, no ha seguido a nadie y me ha dicho que está todo bien y que me quiere.

5. Fase otra rayada. Pero ¿y si pasa después? ¿Y si me ha dicho que me quiere para calmarme y ya?

Y vueeelta a empezar. Así funcionan los bucles. Se suelen mantener porque a corto plazo nos generan un minialivio, ya que eliminan un poquito de ese malestar que nos provoca el «no saber».

A pesar de sus fracasos constantes, Candace experimenta una especie de alivio a corto plazo, que refuerza su comportamiento, lo que da pie a que inicie el bucle otra vez cuando surge el próximo disparador (es decir, la próxima vez que sus hermanos tramen algo). En el intento de gestionar su ansiedad y malestar, Candace realiza acciones con las que obtiene un alivio temporal, lo que refuerza el bucle. Este es un patrón común en la conducta humana, donde las estrategias de afrontamiento que utilizamos a corto plazo, por más que nos dejen respirar por unos instantes, no abordan la raíz del problema, lo que nos lleva a hacer el embolado más grande.

TODO LO QUE EVITAS SE HACE MÁS GRANDE.

LAS EMOCIONES NO TE PERDONAN NADA

En psicología existe un fenómeno superinteresante que te hará entender un poquito mejor qué ocurre cuando evitas emociones desagradables, en este caso, los celos. Se trata de la incubación: un proceso por el cual una respuesta emocional desagradable (en este caso los celos) se intensifica por que evitamos enfrentarnos a la situación que nos provoca dicha emoción (en este caso, evitamos exponernos a la incertidumbre de si nos estarán siendo infieles). Durante este periodo, la falta de exposición provoca que la incertidumbre sea más fuerte y persistente y, en consecuencia, cada vez nos sentimos peor (con más celos).

¡Pero no todo son malas noticias! Si sabes esperar y no escapas cuando tus emociones están en el pico más alto (puede que sea cuando estés con el móvil en la mano o incluso ya abriendo WhatsApp para hablarle) tienes gran parte del trabajo hecho. Porque, primero, le habrás demostrado a tu cabecita que esa emoción siempre baja de intensidad y, segundo, no la habrás incubado, no la habrás hecho más fuerte. La próxima vez todo será más fácil.

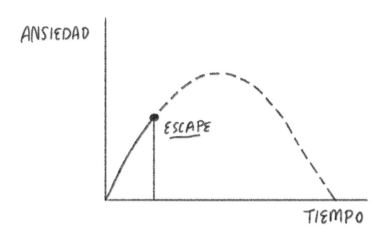

Te voy a contar el caso de Gala y Alexia. Gala es una persona sociable que disfruta saliendo de fiesta con sus amigos los fines de semana. Alexia, por su parte, prefiere quedarse en casa viendo una peli porque debe levantarse temprano para trabajar. Sin embargo, cada vez que Gala sale, Alexia empieza a sentir una intensa ansiedad y muchos celos, y le da vueltas a la posibilidad de que su novia pueda estar interesándose por otras personas o rompiendo sus acuerdos. Una noche, impulsada por esas emociones, Alexia comienza a revisar si Gala está en línea e incluso le envía wasaps preguntándole dónde está. Al principio, solo lo hace de vez en cuando, pero, con el tiempo, se convierte en un hábito cada vez que ella sale. Alexia mira sus stories de Instagram y la de sus amigos, buscando cualquier indicio en las redes sociales que «confirmen» sus sospechas. Sin embargo, nunca encuentra nada comprometedor.

En el caso de esta pareja, la incubación se manifiesta cuando Alexia intensifica sus celos y su ansiedad al evitar confrontar directamente la incertidumbre de las salidas de Gala. Como depende de *stalkear* las redes sociales de su novia para aliviar el malestar, solo logra un alivio temporal. Este ciclo de evitación y vigilancia no permite que Alexia procese de forma adecuada sus emociones, lo que provoca que cada vez que Gala sale ella lo pase mucho peor que la vez anterior.

FRIENDLY REMINDER: SENTIR CELOS NO TE HACE UNA PERSONA CELOSA, LO IMPORTANTE ES LO QUE HACES CUANDO SIENTES CELOS.

LA INFIDELIDAD NO ES TALLA ÚNICA

¿Por qué había dos vasos en la mesa de anoche?
Si yo ni siquiera dormí en la casa anoche.

«Mil preguntas», Marina Reche

Para comenzar a abordar el tema de la infidelidad deberíamos preguntarnos primero qué es exactamente. Sin embargo, desde ya te lo adelanto: para nadie es igual. Al contrario de lo que se suele decir, el concepto de infidelidad no es algo universal 🌍. ¿Acostarse con alguien es infidelidad? ¿O también lo es besarte o masturbarse pensando en otra persona? ¿Tontear es ser infiel? ¿Y sentir cosas por otras personas? Según a quién preguntes, te responderá una cosa u otra. En la época en la que la Iglesia determinaba

MONOGAMIA TRADICIONAL	MONOGAMIA CONSCIENTE
A menudo la asumimos como la norma sin cuestionarla.	Se hablan y negocian acuerdos adaptados a nuestra relación.
La atracción hacia otras personas se puede ver como algo amenazante (spoiler: no puedes controlar que te atraigan otras personas, pero sí lo que haces con esa atracción).	Aborda abiertamente la atracción hacia otros, considerándola natural y discutiéndola sin tabúes.
La seguridad se basa en seguir unos acuerdos que se dan por hechos al comienzo de la relación.	Construye seguridad a través de la vulnerabilidad, la confianza y la comunicación constante para negociar acuerdos.
Suele priorizar la unidad y el conjunto sobre el desarrollo individual de cada miembro de la pareja.	Fomenta el desarrollo de la individualidad dentro de la relación.
Da por hecho que el amor no requiere de esfuerzo y que es algo estático.	Fomenta la creatividad y la experimentación para mantener la relación vibrante y satisfactoria.

qué era o no infidelidad todo estaba más claro (que eso no significa mejor), pero ahora somos nosotros mismos los que definimos nuestro propio concepto de infidelidad. Por eso deberíamos establecer acuerdos en nuestras relaciones. Sin embargo, en la mayoría de los casos ocurre al revés: se habla de los acuerdos cuando ya nos hemos hecho daño. Y ahí está el problema. Sobre todo en las relaciones monógamas, no se acostumbra a hablar sobre qué concepto de fidelidad se tiene, ya que ambos miembros de la pareja lo «dan por hecho», lo cual puede llevar a malentendidos y desengaños.

La infidelidad es muy dolorosa y devastadora por muchos motivos, pero el principal y más potente es que destroza por completo el pilar básico de nuestra relación: el compromiso. No se me olvida la frase que me dijo una chica en el baño de una discoteca hace un par de años: «Julia, es que yo le quiero perdonar, pero es que cuando pienso en él siento que ya no le conozco». Exactamente esto es lo que ocurre cuando nos traicionan. Desconocemos a esa persona y de repente vemos una parte suya que ni siquiera habíamos contemplado. Seguro que si te has visto en una situación similar has pensado: «Si ha sido capaz de engañarme con algo tan fuerte, ¿por qué no me iba a mentir con cosas más triviales?», «¿qué ha sido verdad de todo lo que hemos vivido?», «¿me quiere o todo ha sido un montaje como en las novelas de Wattpad?».

EL AMOR NO ES COMO EL PROTECTOR SOLAR

Cuando me fueron infiel por primera vez y decidí perdonar a mi entonces pareja, me sentí muy sola. Nadie entendía por lo que estaba pasando ni se hacían a la idea del dolor tan grande que llevaba dentro. Pero lo que me hizo más daño fue sentirme juzgada y en el punto de mira. De hecho, irónicamente, tenía la sensación de que era yo la que había hecho algo mal. A mi alrededor solo escuchaba frases como: «Si te lo ha hecho una vez, te lo volverá a hacer» o «Si le perdonas, es que no te quieres una mierda». Después de varios años manteniendo conversaciones sobre la infidelidad con multitud de personas y estudiando sobre el tema, me di cuenta de que sentirse incomprendida es algo bastante común.

Como con muchísimas cosas, tenemos una concepción de la infidelidad muy binaria y nos cuesta ver los «grises». Si alguien te es infiel es porque: *a*) no te quiere lo suficiente o *b*) algo en la relación no funcionaba muy bien. Y tú, si tienes amor propio y te respetas, no deberías perdonarle. Pero, la realidad es que todo esto es mucho más complejo. Detrás de las infidelidades hay tantas causas como personas en el mundo. La infidelidad no es síntoma de que la relación no funcione y no necesariamente tenemos que sentir malestar en una relación para ser infieles.

«Si de verdad estás feliz en una relación, no hay necesidad de buscar en otros lados», es una de las frases que más se escuchan acerca de este tema. Cuesta aceptar la idea de que la infidelidad puede ocurrir en una relación en la que no existen problemas serios. Sin embargo, la realidad es que hay multitud de personas que dicen amar profundamente a sus parejas y haber tenido una aventura con otra persona, parejas que afirman estar enamoradas hasta las trancas, pero que rompen sus acuerdos de manera constante, e incluso personas que aseguran ser felices con su pareja y que acaban engañándola alguna vez. El amor no lo es todo.

El amor no es un factor de protección ante la infidelidad, ya que alguien que nos ama con todo su ser nos puede traicionar, y eso no dirá nada de nuestro valor o de nuestra relación, sino que hablará de su decisión.

NO PUEDES PERMITIRTE DARLE A OTRO EL PODER DE MEDIR TU PROPIA VALÍA COMO PERSONA.

¿LA INFIDELIDAD LO ROMPE TODO?

Cuando algunas personas afirman que la infidelidad lo rompe todo tienen razón. Como te comentaba unas páginas atrás, cuando se engaña se atenta a la confianza, es como soltar el ancla de un barco. ⚓

Siguiendo con esta metáfora, decidir perdonar una infidelidad no sería poner otra ancla, sería construir otro barco de nuevo. Perdonar una infidelidad pasa por aceptar que la relación que tenías ya no existe; es un antes y un después bien marcado. No se trata de pronunciar «te perdono» y esperar que todo vuelva a la normalidad, lo que toca es construir algo nuevo, dar comienzo a una nueva era. Seguir después de una infidelidad requiere trabajar duro, hablar mucho y lidiar con un montón de sentimientos incómodos y difíciles. Tienes que estar dispuesto a entender y aceptar lo que pasó y, al mismo tiempo, tu pareja necesita comprometerse a realizar actos de reparación (demostrar arrepentimiento y cambio, ser paciente y comprensivo, etcétera). Eso no pasa de la noche a la mañana.

Y, si después de una infidelidad decides no perdonar, *that's okay*. La traición es una de las vivencias más dolorosas y duras que te pueden hacer. Si alguna vez te encuentras en esta situación, es importante que sepas que tienes derecho a decidir cómo quieres manejarlo, y una de esas opciones es no perdonar. No eres peor por eso, y, sobre todo, no eres peor por sentir odio y rabia hacia esa persona. Seguro que a estas alturas del libro ya tienes clarísimo que cada una de las emociones que existen tienen una función (espero, je, je), y la del odio y la rabia muchas veces es precisamente separarte de esa persona y ayudarte a evitar revivir el dolor y la inseguridad que te causó la infidelidad. Además, decidir no perdonar puede ser una forma de tomar el control de la situación. Establecer límites claros es una manera de decir «esto no está bien y no lo acepto». Es importante reconocer cuándo una acción ha cruzado una línea que tú consideras inaceptable, y tomar la decisión de no perdonar es una forma de reafirmar tu autoestima y tus valores.

Otro aspecto a considerar es el autocuidado a largo plazo. Decidir no perdonar puede ser difícil a corto plazo porque pueden aparecer disonancias,[1] ya que nuestro cerebro no es capaz de sentir amor y odio a la vez, pero a largo plazo puede ayudarte a evitar futuras heridas emocionales. Al alejarte de una situación que te hizo daño, estás priorizando tu bienestar y paz mental. Esto también te permite abrir espacio para relaciones más saludables y respetuosas en el futuro.

---

[1] La disonancia cognitiva es un concepto psicológico propuesto por el psicólogo Festinger que describe el malestar mental que sentimos cuando tenemos dos o más creencias, ideas o valores que son contradictorios entre sí, o cuando nuestro comportamiento no está alineado con sus creencias o valores. Por ejemplo, como cuando has decidido ahorrar, pero te compras una camiseta chulísima e hipercara.

Finalmente, es importante entender que no perdonar no significa que estás siendo vengativo o rencoroso. Simplemente significa que estás eligiendo lo que es mejor para ti. Cada persona y cada relación son diferentes, y solo tú puedes decidir lo que te hará sentir más seguro y feliz.

Recuerda que tus decisiones sobre cómo manejar una infidelidad son válidas. No perdonar es una opción completamente legítima y puede ser la mejor para tu bienestar emocional y mental. Está bien priorizarte a ti mismo y tus necesidades, y elegir no perdonar puede ser una parte importante de ese proceso.

EN RESUMEN...

1 Los celos son una emoción incómoda, pero sentirlos no te convierte en alguien tóxico. Lo crucial es <u>cómo actuamos</u> cuando aparecen.

2 El bucle de los celos nos lleva a sentir ansiedad, después un alivio temporal y, después, vuelta a la ansiedad. Romperlo pasa por <u>identificar lo que estás sintiendo y tu comportamiento para aliviarlo</u>.

3 <u>No hay una única definición de fidelidad</u>. Estés en una relación monógama o no monógama, es importante que lo hables con tu pareja y establezcas acuerdos.

4 La infidelidad puede darse <u>por mil motivos</u> y ninguno tiene por qué ser que la otra persona no te quiere. Sea por el motivo que sea, eso no justifica saltarse acuerdos, y la decisión de perdonar o no es cien por cien personal.

5 Si decides perdonar, tómatelo como si de una relación nueva se tratara. ¡Hará falta mucha <u>comunicación, paciencia y actos de servicio</u> para reconstruirla!

HOW TO DO

1. Vas a dibujar tu bucle de celos. Algo que puede ayudarte a mejorar tu relación con los celos es saber identificar todo esto:

- Cuándo aparecen
- Bajo qué circunstancias
- Qué te hacen sentir
- Qué sueles hacer para aliviarlos
- Qué consecuencias tiene esto.

Te invito a que construyas tu propio patrón de celos para que puedas visualizarlos de forma más fácil y no te tires de los pelos la próxima vez.

EL BUCLE DE LOS CELITOS

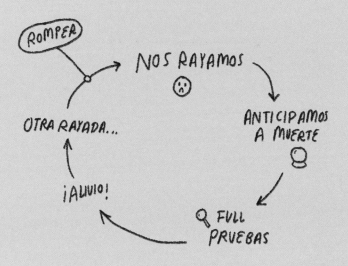

2. Los celos pueden ser muy molestos. Te propongo que les pongas otro nombre que te ayude a separarlos de ti cuando vuelvas a experimentarlos.

> Por ejemplo:
> ## CUCARACHAS
> (a poder un nombre que asocies como algo aversivo).

Cuando aparezcan, pensarás: «Ya están aquí otra vez las/los _____ intentando liármela, solo quieren que pelee con ellas/ellos, pero voy a esperar a que se vayan».

Esto le pondrá las cosas más fáciles a tu cerebro, te permitirá separar tus emociones de tu conducta y te ayudará a que los celos no te dominen tanto y no tengas la sensación de que son reales.

> *Ahora los celos se llamarán:*_____

3. ¿Y si tuvieses el poder de construir una relación ideal des-de cero? ¿Qué acuerdos establecerías? Métele los ingre-dientes que quieras a esta pócima.

_____

_____

_____

_____

_____

_____

_____

_____

_____

LISTENING

PACIFY HER
MELANIE MARTÍNEZ

LAS DE LA INTUICIÓN
SHAKIRA

ISSUES
JULIA MICHAELS

JEALOUSY, JEALOUSY
OLIVIA RODRIGO

CELOSA
DUKI

TUS CELOS
CAMIN

LISTENING

LOVE THE WAY YOU LIE
EMINEM & RIHANNA

PART OF ME
KATY PERRY

WITHOUT ME
HALSEY

PIENSO EN TU MIRÁ
ROSALÍA

THE SMALLEST MAN WHO EVER LIVED
TAYLOR SWIFT

7. CONCEPTOS *TRENDING* DE LAS RELACIONES

Nos pasamos el día haciendo scroll en Instagram, TikTok y Twitter y nos encontramos con tropecientos posts y vídeos sobre psicología. Esto está genial porque tenemos muchísimo más acceso que otras generaciones a contenido que nos puede ayudar (imagínate que nos hubiéramos quedado en el apartado de relaciones de la revista Bravo). Sin embargo, esto también tiene sus contras.

El constante flujo de información sobre psicología (y lo que no es psicología, pero se hace pasar como tal) en estas plataformas ha llevado a la popularización de términos que, aunque en un principio eran útiles porque servían para designar algo específico, se han acabado desvirtuando. Con el tiempo y el uso, el lenguaje se desgasta y las palabras y expresiones pierden gran parte de su significado cuando las usamos tanto y de forma tan superficial. Esto es lo que ocurre con los términos «psicolunchis», como los llamo yo, a los que nos exponemos todo el tiempo. Ni significan nada ni nos ayudan a entendernos, de hecho, a veces hasta consiguen el efecto contrario. ☺

LO DE LLAMAR TÓXICO A TODO YA NO ES TRENDING

Amor, puede que en 2019 fueses supermoderno hablando de que tu amigo Sergio o tu amiga Jimena tenían una relación tóxica, pero ahora eso es un poco... meh. Siempre he pensado (bueno, cuando tenía dieciséis años no) que cuando utilizamos la palabra «tóxico» para calificar a una persona o una relación parece que estemos hablando de un elemento químico venenoso que habita en el corazoncito de algunos pobres desvalidos. Y me niego, me niego a etiquetar de tóxico a cualquiera con el que pueda surgir un conflicto y quedarnos ahí.

Si sientes celos o inseguridades cada vez que tu pareja sale de fiesta, eres una tóxica, si tienes miedo de que tu pareja te deje, eres un tóxico, si tu pareja necesita que le des las buenas noches o tienes inseguridades cada vez que sale de fiesta, ojo, que igual estás en una relación tóxica. Parece que cualquier discusión tonta (normal y necesaria), según el prisma con la que la miremos, pueda ser etiquetada de tóxica.

Como consecuencia de haber comido tanta palabra «tóxica», hemos desarrollado un miedo tremendo a que nos cuelguen la etiqueta. ¿Acaso hay algo peor que nos puedan decir? Porque... ¿quién va a querer relacionarse con una persona tóxica?

Si todo es tóxico, ¿qué significa realmente el concepto tóxico? La cuestión es que las etiquetas no nos explican nada por sí mismas, es decir, sirven para describir conductas, pero no nos dicen nada de la problemática en sí. Ni de dónde viene, ni por qué se mantiene, ni la función que tiene. Y, si nos acostumbramos a usarlas a la ligera, ocurre un fenómeno al que yo llamo «el espejo del espejo», lo que en ciencia y filosofía se conoce como «explicación tautológica». Las explicaciones tautológicas son explicaciones que repiten la misma idea o concepto de manera circular, sin proporcionar ni una pizca de información ni profundidad a la cosa. En términos simples, estas explicaciones se caracterizan por repetir lo mismo, pero de diferentes maneras, y sin aportar ningún significado nuevo. Entramos en un bucle, en un pez que se muerde la cola.

«LUCAS SIENTE CELOS PORQUE ES UN TÓXICO». ¿POR QUÉ SIENTE CELOS LUCAS? PORQUE ES UN TÓXICO.

Si Lucas se comporta en base a lo que le piden esas emociones de celos y, por ejemplo, controla el móvil de su pareja y, además, le pide explicaciones de por qué sale de fiesta, puede que se esté comportando de forma tóxica, pero no porque sea un tóxico 🔼. Puede que, en relaciones pasadas, su expareja le engañase con otra persona, puede que haya crecido en dinámicas familiares que no le hayan brindado esa seguridad que necesitaba, también es posible que su pareja actual no esté respetando sus acuerdos relacionales o puede que sean todas las opciones a la vez. Lo cierto es que no tenemos ni idea de todas las variables que están influyendo para que se comporte de forma celosa. Pero, lo que está claro, es que la explicación a sus celos no es «que es un tóxico».

Intentar reducir a Lucas a su toxicidad no nos aporta absolutamente nada. Y, además, refuerza el discurso esencialista y la idea de que cuando una persona se comporta de forma tóxica, existe algo malo dentro de ella (el veneno que te decía antes).

En psicología, la perspectiva esencialista implica etiquetar, encasillar y fijar a las personas en una categoría. Es por esto por lo que, del mismo modo que aconsejo no hablar de personas «tóxicas», también abogo por no referirnos a las personas como «depresivas» o «ansiosas». Uno de los mayores riesgos del diagnóstico psicológico es que pase a formar parte de nuestra identidad y se llegue a convertir en una explicación de toda nuestra vida. Una cosa es decir: «durante una temporada tuve ansiedad y me encerré en mí mismo» y otra muy distinta es «como soy ansioso, me encerré en mí mismo». La primera frase puede dar pie a que te preguntes «¿de dónde vino la ansiedad?» o «¿qué la desató?». En cambio, la segunda frase no da pie a plantearse nada porque la respuesta es «tuve ansiedad porque soy ansioso».

EL DIAGNÓSTICO DESCRIBE, PERO NUNCA EXPLICA NADA. Y CON LAS RELACIONES O PERSONAS «TÓXICAS» OCURRE LO MISMO.

Volviendo a Lucas, en el caso de que fuese una persona que quiere resolver su problemática con los celos, lo que le rentaría es hablar de cuándo aparecen esas emociones y conductas de celos. Podría preguntarse qué hacer para calmarlos y cómo se siente después. De esta forma, estaría llevando a cabo un análisis completo y útil de lo que ocurre (en psicología lo llamamos «análisis funcional»). En cambio, si le etiquetan o si se etiqueta a él mismo de tóxico, se quedará tan tranquilo y olvídate de ningún análisis (para saber más sobre los celos, dirígete al capítulo 6).

QUÉ PERECITA LA RESPONSABILIDAD AFECTIVA

Me atrevería a decir que la responsabilidad afectiva es el concepto más tendencioso hasta el momento en el ámbito de las relaciones. Es como la *magic pill* que soluciona todos los conflictos relacionales que existen hasta la fecha. Pero, a su vez, la nombramos taaanto que, además de perder significado, nos agota.

LA RESPONSABILIDAD AFECTIVA ES LA HABILIDAD Y CAPACIDAD DE IDENTIFICAR Y RECONOCER NUESTRAS EMOCIONES, ASÍ COMO ASUMIR QUE ESAS EMOCIONES PUEDEN INFLUIR EN LOS VÍNCULOS QUE TENEMOS Y, A SU VEZ, ACTUAR DE MANERA CONSECUENTE Y CONSIDERADA CON LOS DEMÁS.

Tenemos muy masticado su significado, pero no tenemos ni idea ni de cuándo ni de cómo llevarla a la práctica. ¿Cuándo empieza la responsabilidad afectiva? O mejor, ¿cuándo debe hacerlo? ¿Cuándo debo preocuparme por esa persona? ¿Cuándo comienza el vínculo exactamente?

Nos cuesta entenderlo porque, una vez más, tenemos lo que llamo un problema de etiquetado 🏷️. Parece que si no eres mi novio, novia o pareja, ya no te debo nada, total, «no somos nada». ¿Te acuerdas de los «casi algo» del capítulo 3? «No somos nada, pero mantenemos sexo y nos lo pasamos muy bien». «No somos nada, pero tenemos citas cada fin de semana». «No somos nada, pero te enseño mi compra del Mercadona». Lo siento, *babe*, pero no cuela. Nos gusta demasiado eso de obtener beneficios de una relación sin tener que implicarnos más allá de la parte bonita. La lógica es: «Eso ya para otro momento, o para cuando oficialicemos qué somos. Porque en ese proceso obviamente no somos nada, ¿no?». ¿Acaso no se ha creado un vínculo de ningún tipo con la persona a la que le mandas cuatro audios de cinco minutos explicándole como ha ido tu día? No hace falta etiquetar nada para preocuparnos de las personas, *I swear*, y el problema de la responsabilidad afectiva es que parece que solo se pueda aplicar si somos novios oficiales, cuando debería ser una asignatura obligatoria en todas las relaciones.

Los vínculos siempre están en movimiento. Si mantienes una relación va a transformarse, cambiar y mutar, lo que creará una historia, sea la que sea. Un ✦polvito✦ de una noche es una relación que comienza justo en el momento en el que le dices tu nombre a esa persona, y aunque exista la posibilidad de que solo se quede ahí, requiere que seas responsable.

LA RESPONSABILIDAD EMPIEZA EN EL MINUTO CERO.

Otro tema que nos han vendido es que siendo sinceros es todo más fácil y se llega a todas partes, lo que es un poco verdad y a la vez mentira. ¿Podemos hablar ya de los costes emocionales que supone arriesgarse a empezar una relación? Debido a los ideales románticos que tenemos interiorizados de que todo debe «fluir» y a la creencia de que «las cosas ya si eso se hablan después», ser sinceros en las primeras citas supone un coste tremendo porque, claro, «corta el rollo». En este panorama, si yo me armo de valor suficiente como para decir en una primera cita que estoy buscando una relación estable, puede que pasen tres cosas:

a. Tener la suerte de que la otra persona busque lo mismo.

b. Que la otra persona no quiera nada y entonces se acabó.

c. Que la otra persona quiera algo, pero se asuste porque he sido muy directa.

Sin embargo, aunque como ya te he dicho no estoy de acuerdo en quien afirma que la sinceridad es lo más fácil y la responsabilidad afectiva la panacea, sí que creo que es la mejor opción (¿acaso esperabas otra cosa?). Si lo piensas bien, ser sincero en las primeras citas te ahorrará muchas cositas. Puede que a corto plazo experimentes un poquito de malestar, pero a largo plazo evitarás el sufrimiento de entrar en un vínculo que no te interesa. Las cosas van así cuando tomas decisiones.

> RELACIONARNOS REQUIERE EXPONERNOS A LA POSIBILIDAD DE QUE NOS RECHACEN POR MIL MOTIVOS.

TE NECESITO, NO TENGO DEPENDENCIA EMOCIONAL

Uno de los motivos por los que siento tanta pasión por mi profesión es porque me ha ayudado a aprender y desaprender lo que creía que estaba bien o que era el único camino. De las primeras cosas que nos enseñaron en el primer año de universidad es que los seres humanos somos seres sociales e interdependientes. A lo largo de la historia, se han realizado numerosas investigaciones que confirman que somos una especie social por necesidad.

Susan Fiske (una de mis psicólogas favoritísimas y una referente en el campo de la psicología social) hablaba de cinco motivos sociales fundamentales:

- pertenencia,
- control,
- comprensión,
- confianza
- y potenciación personal.

El motivo que yo considero más importante es el de pertenencia, que Fiske define como la necesidad de tener relaciones fuertes y estables con otras personas porque determinan la supervivencia del individuo e incrementan las posibilidades de cooperación para lograr más y mejores resultados juntos. ¿Por qué me impactó tanto todo esto? Porque en aquel entonces, para mí las palabras necesidad y relación no podían ir de la mano 🤝. Mi experiencia con el amor y el discurso que llevaba años escuchando habían calado demasiado en mí. Había confundido muchas cosas, como, por ejemplo, que ser independiente implicaba no necesitar de los demás, y a la mínima que veía indicios de que me apetecía hablar con mi *crush*, huía. Creo que no soy la única que ha tenido miedo de necesitar del otro porque nos han metido en la cabeza un discurso muy individualista. El discursito «Mr. Wonderful» de las agendas y las tacitas ha hecho mucho daño. «Sonríe, solo tú tienes el poder de tu vida», «Contigo tienes más que suficiente», «Hoy no es día para llorar»... Claro que tú tienes un poder y una capacidad enorme de controlar muchos aspectos de tu vida, pero no todo está en tus manos, *and that's okay* 🙂. Necesitas de tus amigos, amigas, rolletes, vecinos y familiares. Eres un animal social.

Empleamos muchísimo el concepto de «dependencia emocional» para describir la incomodidad que surge al sentir la necesidad de tener a una persona en nuestra vida, ya que creemos que sin ella no podemos ser felices o que la vida no tiene sentido. Está genial utilizar este término si nos ayuda a definir lo que nos pasa, el problemita viene cuando aplicamos esta etiqueta a situaciones que no guardan relación o cuando lo usamos para definirnos (¡nada de autoetiquetarte como «dependiente emocional»!).

«Tarda en contestar ese wasap y finge que estás ocupadísima, no vaya a ser que empieces una relación de dependencia». «No cuentes tus problemas a tus amigos o a tu pareja todo el tiempo, eso es dependencia emocional». «¿Tienes miedo de perder a esa persona que amas? Eres un dependiente emocional». ¿Te suena todo esto? Parece que ahora eres más *cool* cuanto más independiente eres, que cuanto menos afecto necesites y menos te apoyes en una persona, mejor lo estés haciendo. Error, te olvidas de que la necesidad de relacionarse es real.

RECUERDA: NO ES TANTO LA CONDUCTA EN SÍ, SINO LA FUNCIÓN QUE ESTÁ CUMPLIENDO. NO ES LO MISMO HABLAR A TODAS HORAS PORQUE REALMENTE TE APETECE CONTARLE QUE HAS COMIDO GARBANZOS EN CASA DE TU ABUELA, QUE HABLARLE PORQUE SIENTES MIEDO DE QUE SE VAYA Y TE SIENTES INTRANQUILA SI NO LO HACES.

Aquí tienes una tablita que espero que te sirva de guía para detectar si estás en una relación de dependencia o simplemente estás ✦queriendo y disfrutando✦.

PUEDE SER DEPENDENCIA EMOCIONAL	NO TIENE POR QUÉ SER DEPENDENCIA EMOCIONAL (INTERDEPENDENCIA)
Sentirse vacío cuando esa persona no está.	Hablar a todas horas con esa persona.
Creer que, si esa persona no está, no tenemos valor suficiente.	No querer perder a esa persona.
Pensar en dejar a esa persona y sentir un miedo y tristeza profundos.	Querer contarle todo tu día.
Sentir que no podrías vivir sin esa persona.	Que esa persona sea tu mayor apoyo.
Intentar dejar esa relación porque sabes que te está haciendo daño, pero al final seguir luchando por ella.	Puntualmente ser tú quien tire de la relación.
Perder tu propia identidad.	Equilibrio entre autonomía y conexión con la otra persona.
Necesitar que la otra persona valide todos tus comportamientos.	Decidir compartir libremente lo que piensas y haces.

No te olvides de que las etiquetas tan solo nos sirven para describir conductas, no tanto para entenderlas.

EN RESUMEN...

1 El exceso de términos psicológicos en las redes sociales y el constante flujo de información ha <u>popularizado y desvirtuado</u> muchos de sus significados.

2 <u>Ojo con usar la palabra «tóxico» para todo.</u> No es un comodín, no nos ahorra analizar la raíz del problema de celos o inseguridad.

3 <u>La responsabilidad afectiva es clave en las relaciones</u>, pero no solo en las de noviazgo, sino en todas. Eso no significa que sea fácil ni un camino de rosas...

4 <u>La dependencia emocional y la necesidad de dependencia son conceptos distintos.</u> Todos necesitamos relaciones fuertes para nuestro bienestar porque somos animales sociales.

HOW TO DO

Cómo evitar la dependencia emocional

Imagínate una mesa, con sus cuatro patas y que cada pata sujeta una parte. Pues las personas somos exactamente igual, no podemos sujetarnos solamente con una patita, así que debemos fortalecer todas. Para ello te propongo cositas guais:

1. Ten una cita contigo.

Es crucial trabajar tu individualidad por muchos motivos, pero uno de ellos es para disfrutar todavía más de tus relaciones y tener más patitas en las que apoyarte. Elige cualquier día de la semana que tengas libre y pasa un día solamente contigo, sin coger el móvil (si es posible). Hazte un *planning* de cómo sería tu cita ideal, pero a solas. Te dejo varias ideas:

- Ponerte una mascarilla o hacerte un *skincare* y ver tu serie favorita (*Gossip Girl* es una buena opción). 🧖
- Prepararte tu plato favorito o hacer una de las tres mil recetas que tienes guardadas de TikTok. 🥞
- Tarde de karaoke en plan Hannah Montana o Melendi. 🎤
- Reservar en tu restaurante favorito o pedir comida a domicilio. 🍝
- Ponerte guapi y salir a ver tiendecitas. 🛍
- Ir a ver tu peli favorita al cine. 🍿
- Coger una toalla, cositas de picar ricas, auriculares o un libro e irte de pícnic. 🧺

Podría darte mil ideas más, pero prefiero hacerte pensar. 🌙

2. Haz eso que haces en pareja, pero a solas.
Ir al gym con tu pareja es genial, ¡pero prueba a correr a solas! Aunque disfrutemos mucho haciéndolo con alguien, es recomendable que hagamos actividades exclusivamente para nosotros. Esto no significa que debas renunciar a correr con tu pareja, pero ampliar tus experiencias te permite encontrar placer en actividades que son solo tuyas. Trabajar tu propio espacio personal no es descuidar a nadie.

3. Te propongo un ejercicio que aumentará las probabilidades de que no te hagas *ghosting* (o sea, que no dejes para el mes que viene eso de tener una cita contigo).

   a. Coge cualquier botecito o frasco que tengas por casa, un folio y un rotulador. A continuación, piensa en ocho planes que para ti serían ideales (si te ayuda, piensa en los que haces con tu pareja o amigos) y escríbelos aquí:

   _____

   _____

   _____

   _____

   _____

   _____

   _____

   b. Ahora que ya los tienes, escríbelos en el folio, recórtalos uno a uno y arrúgalos. Después, mete los papelitos en el bote y ciérralo. Deja el bote en un sitio visible y cada semana (cada dos si vas muy hasta arriba) coge uno y organiza tu cita.

4. Clasifica estas frases según te parezcan responsables afectivamente o por el contrario un poquito *red flags*.

1. POV: Lleváis cuatro meses quedando y hablando todos los días, y de repente deja de contestarte cuatro días sin darte explicaciones, pero no te puedes quejar porque «no somos nada».
2. POV: Quedas con esa persona que te gusta dos findes seguidos y en la tercera cita te dice: «Lo siento, pero yo ahora no busco una relación. Me gustaría seguir conociéndote, pero buscamos cosas diferentes».
3. POV: Propones usar condón porque te importa proteger tu higiene y salud sexual y él te contesta: «Es que yo no uso condón porque me aprieta y me hace daño».
4. POV: Te echas a llorar porque no sientes que esté comprendiendo lo que le pides. Reacciona diciéndote: «¿En serio te vas a poner a llorar?».
5. POV: Estáis discutiendo y te dice en tono neutral: «Sinceramente, necesito ir a darme una vuelta para coger aire y poder hablar de forma más objetiva. Vuelvo en cinco minutos».

LISTENING

Te invito a que escuches estas canciones que he selecciona-
do. Pregúntate si hay toxicidad, dependencia, celos... Ponte
en la piel de quienes las cantan e intenta averiguar sus motivos sin colgarles la etiqueta de «tóxica». ¿Qué crees que las
ha llevado a sentirse y a expresarse así? En lugar de describir
lo que ya pone en la letra, usa tu imaginación y móntate la
película del pasado de la protagonista.

TE NECESITO
AMARAL

CORALES
BABI

8. AMOR Y REDES SOCIALES 📱

Por mucho que intentemos separarlas, las redes sociales no son una dimensión separada de la realidad, sino que forman parte de ella. Los vínculos que podemos formar o fomentar a través de Instagram, Twitter o TikTok se sienten igual de verdaderos que los que podemos hacer de forma presencial. Si no, ¿cómo explicas que el cyberbullying *resulte tan devastador y doloroso para las personas que lo sufren? Relacionarnos a través de internet es una forma más de vincularnos. Hablar, compartir memes o hacer* sexting *por las redes también cuenta como relacionarnos de verdad. Las redes nos permiten estar en contacto con gente a distancia, descubrir personas con nuestros mismos intereses y hasta son un lugar donde podemos encontrar apoyo cuando más lo necesitamos. Estas conexiones pueden ser supervaliosas y reales.*

HE SUBIDO QUINCE STORIES, ¿NO LO VES?

Estoy brillando con highlighter, ¿no lo ves?
Un clavel en mi melena, ¿no lo ves?
He subío quince stories, ¿no lo ves?
Mira que quiero ser buena, ¿no lo ves?

«Brillo», Rosalía y J Balvin

Esta canción de Rosalía capta algo supercomún hoy en día: esa urgencia de llamar la atención de esa persona que nos gusta en las redes. Esta frase, a simple vista, solo describe cómo una persona sube stories a Instagram, pero, si miramos más con lupa, refleja cómo vivimos y sentimos en la ✦era digital✦.

Te pongo en situación. Imagina que te gusta muchísimo alguien y quieres que lo sepa, pero abrirle «cortaría el rollo» y ya no parecerías «tan interesante». Entonces ¿qué haces? Subes una story con una frase de una canción sugerente, esperando que esa persona especial lo vea y, tal vez, solo tal vez, te mande un mensaje o te deje un corazoncito. Te suena, ¿verdad? Resulta que ese día no te da like, solo la ve. Al día siguiente, subes otra, esta persona la ve y, además, te responde «qué temazo», por ejemplo. Iniciáis una conversación, pero en mitad de la charla te deja en visto. Así que vuelta a empezar. Subes una story, pero esta vez ni siquiera la ve. Y entonces te preguntas: «¿Cómo le voy a hablar ahora si me ha dejado en visto? ¿En serio me voy a arrastrar yo de esta forma?».

Okay, vamos por partes. Lo primero de todo, tenemos que dejar a un ladito la idea de que mostrar interés por alguien nos hace menos interesantes o puede «cortar el rollo». Es innegable que el tonteo del principio y dejar con las ganas es divertido, pero ya no lo es tanto cuando nos produce malestar y se convierte en una obsesión. Buscar la atención de alguien es una parte natural del coqueteo y las relaciones de hoy en día, pero no debería ser la única fuente de autoconfianza. Las redes sociales son solo una parte de cómo interactuamos y conectamos con otros. Entonces, te planteo un cambio de perspectiva: ¿Y si en vez de jugar al juego de «quién muestra menos interés» vamos al grano? Te prometo que se puede jugar a dejar con las ganas y tener las cosas claras al mismo tiempo.

En segundo lugar, si ya sabes qué es el reforzamiento intermitente y cómo funciona (acuérdate de los ratones que no paraban de darle a la palanca, en el capítulo 4), ¿por qué demonios sigues permitiendo que juegue un papel en tu vida? Respecto al ejemplo anterior, ¿qué crees que sucede cuando un día recibes un like y al siguiente te ignora por completo? Exacto, te estás enganchando aún más debido a esa incertidumbre constante. No saber si mañana será el día en que por fin recibirás una respuesta de esa persona hace que sea difícil mantenerte tranquila y no pensar en ello. Este patrón de atención esporádica te mantiene en vilo, aumentando tu interés y expectativa cada vez que la otra persona interactúa contigo, lo cual, aunque sea emocionante, ya sabemos que a largo plazo es un rollo.

EL CIRCUITO DE RECOMPENSA

El circuito de recompensa del cerebro tiene la finalidad de reforzar conductas para nuestra supervivencia como beber, comer o reproducirnos. También se activa cuando recibimos señales de aprobación y validación externas.

¿Cómo funciona?
1. Detección del estímulo. Se activa el área tegmental ventral (ATV), que se encuentra en el tronco encefálico y envía señales a otras áreas del cerebro.
2. Liberación de dopamina. El ATV libera dopamina, asociada al placer y la motivación.
3. Activación del núcleo accumbens. Esto motiva a repetir el comportamiento de la recompensa.
4. Procesamiento emocional y memoria. La amígdala y el hipocampo procesan las emociones asociadas con la recompensa y almacenan estos recuerdos.
5. Evaluación y decisiones futuras. La corteza prefrontal decide si la experiencia es gratificante y planifica cómo repetirla.

Nota: Cuando el estímulo es consistente el cerebro se acostumbra y libera menos dopamina y serotonina (*hello*, enganche).

Si ya no puedes más de mandar indirectas y de chats sin responder, a continuación te propongo una serie de cositas que puedes hacer para mostrarle a esa persona que te gusta, pues eso, que te gusta.

1. Dale like si te gusta. Dale like a sus posts cuando te apetezca. Rompe el hielo tú. Aunque sea incómodo al principio, a largo plazo te hará una persona más segura.

2. Abre tú la conversación. Si te apetece hablarle, háblale.

3. Pásale una canción o un pódcast que te guste. Si ves algo que te hace pensar en esa persona, mándaselo sin vergüenza. ¿Qué es lo peor que puede pasar? ¿Que te rechace? Nadie se muere de eso, *promise*.

4. Pregunta todo lo que quieras. Inicia la conversación preguntándole sobre algo que publicó. Por ejemplo, si subió una foto en un lugar lleno de gente, puedes preguntarle qué tal es el sitio o si lo recomienda.

5. Muéstrale algo de tu día que pueda interesarle. Si sabes que le gusta algo en particular, como el arte, y estás en una galería, sube una story etiquetando a esa persona o mándale un *snap* diciéndole que le encantaría ese lugar.

6. Pregunta lo que te interesa. Si quieres saber qué busca esa persona, inicia tú esa «conversación incómoda».

7. Respeta su espacio personal. Estar presente e interactuar con esa persona está superbién, pero siempre respetando su espacio (nada de *stalkear*, no me vayas a ser el protagonista de *You*).

8. No eres C. Tangana. No trates de ser alguien que no eres solo para llamar su atención.

STALKEAR *NO RESUELVE... O SÍ*

Como digo siempre, las redes sociales son el enemigo de las rupturas. Cuando miramos constantemente las redes de nuestros ex no lo hacemos porque seamos tontas, ni mucho menos, lo hacemos porque esa acción, a corto plazo, nos quita un malestar muy común en las rupturas: la incertidumbre. Ya he hablado largo y tendido sobre esto.

Por otra parte, en ocasiones resulta aún más gratificante porque de tanto en tanto, únicamente algunas veces, recibimos algún tipo de respuesta de esa persona. Aunque, puede que nos envíe una indirecta (o simplemente sea pura coincidencia), pero decidimos convencernos de que, efectivamente, es algo intencionado. Sin embargo, esa sensación es efímera, ya que puede que enseguida descubramos algo más que nos haga darle vueltas a la cabeza. Esto nos deja en un estado de ambivalencia e hipervigilancia que nos impulsa a querer volver a revisar sus redes. Es ooootro bucle, y ya sabes lo que hacemos con los bucles: los rompemos. 🔨

El amor ha evolucionado junto con la tecnología y las redes sociales. Seguro que alguna vez has sentido que alguien te sigue desde las sombras en Instagram, te tiene en espera sin avanzar o mantiene sus opciones abiertas mientras está contigo. Estos comportamientos tienen nombres: *orbiting*, *benching* y *cushioning*. Me parecen muy útiles para saber identificar conductas concretas y para saber navegar mejor en el complicado mundo del amor digital.

RRSS — LAS ENEMIGAS DEL OLVIDO ☹

✩ GRAN HERRAMIENTA PARA CREER
QUE SABEMOS DEL OTRO

✩ BUCLE:

STALKEAS

SACIAS TU
INCERTIDUMBRE

APARECE
OTRA NUEVA

✩ EJEMPLO:

MIRAS
SU TWITTER

« PERO HA DADO RT
A ALGO RELACIONADO
CON QUE LE GUSTARÍA
SENTIR COSAS NUEVAS »

« VALE, HOY HA
PUESTO QUE ME
ECHA DE MENOS »

NUNCA ACABA ESA SENSACIÓN
PORQUE SABES QUE NO HAY
NADA SEGURO.

Benching

¿Qué es?

El *benching* es cuando alguien te mantiene en el «banquillo» como en los deportes. No te están ignorando del todo, pero tampoco te dan la atención que necesitas. Todo muy intermitente. Responden a tus mensajes de vez en cuando, te dicen cosas bonitas para mantenerte interesado, pero nunca es el momento de profundizar sobre lo que sois o para llevar la relación al siguiente nivel.

¿Cómo se siente?

Es como estar en una especie de limbo. Sabes que la otra persona está interesada en ti hasta cierto punto, pero nunca lo suficiente como para que las cosas realmente avancen. Estás esperando y esperando, pero nada concreto sucede.

Cushioning

¿Qué es?

El *cushioning* es cuando alguien mantiene varias opciones abiertas «por si acaso». Básicamente, están saliendo contigo, pero también están flirteando con otras personas al mismo tiempo o tienen relaciones paralelas como una forma de asegurarse de no quedarse solos si las cosas no funcionan contigo.

¿Cómo se siente?

Te puede hacer sentir inseguro y confundido. Piensas que tienes algo especial con esa persona, pero luego descubres que no eres la única persona con la que están interactuando de manera romántica. Es como si te estuvieran usando como un cojín para amortiguar cualquier posible caída emocional.

<u>**Orbiting**</u>

¿Qué es?

El *orbiting* es cuando alguien deja de hablarte directamente, pero sigue mirando tus historias de Instagram, le da like a tus publicaciones o interactúa de manera indirecta en tus redes sociales. Básicamente, están «orbitando» alrededor de tu vida sin acercarse del todo.

¿Cómo se siente?

Imagina que alguien que te gusta de repente desaparece de tu vida, pero sigues viendo que mira todo lo que publicas. Es como un «Eyyyyyy, que sigo aquí, pero no quiero hablarte directamente ni voy a demostrar mucho interés por ti».

Así que, ya sabes, si notas alguno de estos comportamientos en alguien, ¡ya sabes identificarlo y puedes hacer algo con ello! Sé que lo sabes, mereces relaciones claras y sinceras, donde la comunicación sea abierta y honesta, y donde haya compromiso de forma constante. Si alguien te tiene orbitando, en el banquillo o como un cojín de respaldo, es una señal de que quizá no están invirtiendo en la relación de la misma manera que tú. Prioriza lo que tú quieres por encima de todo.

«*TU FORMA DE RELACIONARTE CAMBIARÁ POR COMPLETO EN EL MOMENTO EN QUE ASIMILES QUE LAS PERSONAS QUE NO MUESTRAN INTERÉS POR TI, YA NO SON INTERESANTES*».

EN RESUMEN...

1 <u>Redes = Vida real</u>: las redes sociales son parte de nuestra vida real. Lo que sentimos en Insta, Twitter o TikTok es igual de real que en persona.

2 Mostrar interés: <u>si te gusta alguien, sé directo.</u> Dale like, háblale, comparte cosas que te gusten, respeta su espacio y no finjas ser alguien que no eres.

3 *Stalkear* a tu ex no te ayuda. Lo hacemos para aliviar la incertidumbre tras una ruptura, pero solo nos deja más ansiosos y en un bucle de querer revisar sus redes una y otra vez. <u>Rompe el bucle.</u>

4 <u>Si no muestra interés por ti, ya no es interesante.</u>

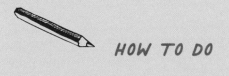

HOW TO DO

Te propongo este ejercicio para reflexionar sobre la calidad de tus interacciones en las redes sociales y fomentar conexiones más conscientes y auténticas. Vínculos conscientes.

Instrucciones:

1. Inventario de conexión
Haz una lista de las últimas cinco personas con las que interactuaste en las redes sociales (comentarios, likes, mensajes, etc.).

1. _____
2. _____
3. _____
4. _____
5. _____

2. Exploramos
Responde en tu mente a las siguientes preguntas pensando en cada una de las personas de tu lista:

- ¿Cuál fue el contenido de la interacción (comentario, mensaje, etc.)?
- ¿Cómo te hizo sentir esta interacción?
- ¿Crees que esta interacción fortaleció tu relación con esta persona? ¿Por qué?

3. Profundizamos
De las cinco personas, elige las dos con las que sientes que tu interacción fue más significativa.

1. _____
2. _____

4. *Do it*
Durante la semana, lleva a cabo los planes que has hecho para conectar de manera más auténtica con las dos personas seleccionadas. Puede ser una llamada telefónica, una videollamada, una carta escrita a mano, o incluso quedar en persona, si es posible.

5. Reflexión
Después de haber realizado estas conexiones más auténticas, reflexiona sobre tu experiencia respondiendo a las siguientes preguntas:

• ¿Cómo sentiste conectar de manera más personal y profunda con estas personas?

_____

• ¿Has notado alguna diferencia en la calidad de la interacción al hacerlo de forma más consciente?

_____

• ¿Qué aprendiste sobre ti mismo y sobre tus relaciones a través de este ejercicio?

_____

• ¿Cómo puedes aplicar esta práctica en tu vida cotidiana para fomentar relaciones más significativas?

_____

LISTENING

PA' LLAMAR TU ATENCIÓN
C. TANGANA

9. NO LE VAS A OLVIDAR: SOBRE EL DUELO Y LAS RUPTURAS ♥ 🩹

*Fueron mil factores los que condicionaron que no fuese
capaz de terminarlo,
pero sé que lo harás tú por mí.
Me lo prometiste, y las promesas nunca se cumplen,
así que me marcho.*

*Tranquila, con un martillazo en el pecho
y las rodillas ensangrentadas,
y de fondo con el eco de tus portazos de despedida,
que siempre iban seguidos de una misérrima caricia
que nadie tendría la osadía de dar.*

Octubre de 2018

AL DESAMOR, AGUA OXIGENADA 🩹

He rescatado este fragmento que escribí con dieciocho años el día que por primera vez eché agua oxigenada al amor que me llevaba raspando las manos desde hacía tiempo. Ese día decidí soltar algo que ya me había soltado a mí desde hacía tiempo. Recuerdo a la perfección cómo escocía la herida. Ese día sentí que todo se había apagado, que me estaba muriendo de amor.

Nadie me había hablado de lo duro que es olvidar a alguien que sabes de sobra que ya te ha olvidado porque, en el fondo, nunca se ha acordado de ti. Nadie me había avisado de lo difícil que es dejar ir a alguien a sabiendas de que volvería a intentar ganarte si tú volvieras a caer en su juego. Y, sobre todo, nadie me había advertido de lo doloroso que es romper con alguien que se había llevado toda mi identidad. En este capítulo voy a hablar del tema que más sufrimiento y desgarro me ha ocasionado: el duelo.

El duelo es el precio que pagamos por relacionarnos, es el coste de haber amado a alguien. El duelo es como seguir pagando la suscripción de Netflix, pero sin poder ver ni una película, ¡menuda estafa! En psicología, definimos el duelo como la respuesta psicológica, emocional y social a la pérdida de una persona con la que hemos tenido un vínculo. A lo largo de este proceso ocurre un desajuste en nuestra vida debido a la ausencia de esa persona, lo que implica que tengamos que redefinir nuestra identidad. Estar sin ese alguien especial nos confronta con la necesidad de vivir en un mundo que se siente muy diferente y nos obliga a redescubrirlo casi todo de nuevo. En fin, es una movida feúcha.

> ### *Trigger warning:*
> Antes de empezar a leer este capítulo, te adelanto que
> puedes hacer un duelo por un rollo, un lío de discoteca,
> Avicii, tu caracol o tu psicóloga.
> Todos los duelos son válidos solo por el hecho de que
> los puedes sentir. Me da igual lo que te diga tu tía Paca
> o tu amigo Juan.
> El duelo es algo inherente a la vida, casi nadie
> se libra de transitarlo.
> El duelo tiene que doler, esa es su función.
> No voy a hablar de «olvidar» a alguien, hablaré de recolocar.

LANA DEL REY, TARTA Y LLORAR

Visualizamos el duelo como algo parecido a una chica tirada en la cama con un paquete de clínex, comiendo tarta de chocolate y escuchando a Lana Del Rey toda la noche. Pero también lo relacionamos con salir de fiesta y emborracharnos para matar la tusa (ese remordimiento y despecho causado por una decepción o desengaño amoroso) o con llevar un cigarro en la boca mientras, con la mirada perdida, nos pasamos horas hablando de lo jodido que fue querer a esa persona. Son formas habituales de gestionar el duelo, pero no significa que alguna de ellas sea la más **funcional**. Y es que, como todas las cositas relacionadas con el amor, el duelo también lo tenemos ultrarromantizando, lo que puede complicarnos la vida aún más... La tristeza y la creatividad son un combo explosivo (y, si no, que se lo pregunten a la reina Lana).

¿Cómo no nos vamos a sumergir de lleno en la tristeza si a veces hasta parece atractiva? Entre muchas cosas, la cultura pop ha extendido la idea de que sufrir por amor tiene su toque *cool*. Desde el pop-indie de Lana Del Rey (la banda sonora de mis rupturas) hasta películas como el *Diario de Noah* o *Her* ponen el foco en lo bonito y *aesthetic* de la melancolía.

COMO DIRÍA SARAH BELÉN:[2]
«NO ES LO MISMO
EXPONERSE A LA PÉRDIDA,
QUE REVOLCARSE EN ELLA».

Sin embargo, esta romantización del duelo no es algo nuevo, y desde luego no es culpa ni de Tumblr ni de Pinterest. Hay que buscar sus raíces en la tradición judeocristiana, donde el sacrificio y el sufrimiento son vistos como un camino hacia el amor más puro y profundo. Este *mindset* se ha extendido en muchas esferas de nuestra cultura, incluidas las representaciones del amor y del duelo en el arte, la literatura y el entretenimiento, que han logrado cristalizar el mensaje de que hay algo casi sagrado en el acto de sufrir por amor. Pero, *wtf!*..., reflexionemos sobre esto.

---

2 (@sarahbelenpsico) Si no la sigues ya, deberías. Sarah Belén, aparte de ser una de mis referentes y además mi mentora desde que empecé, es una de las mejores divulgadoras sobre amor y relaciones.

1. Aunque yo hablara todas las lenguas de los hombres y de los ángeles, si no tengo amor, soy como una campana que resuena o un platillo que retiñe.

2. Aunque tuviera el don de la profecía y conociera todos los misterios y toda la ciencia, aunque tuviera toda la fe, una fe capaz de trasladar montañas, si no tengo amor, no soy nada.

3. Aunque repartiera todos mis bienes para alimentar a los pobres y entregara mi cuerpo a las llamas, si no tengo amor, no me sirve para nada.

4. El amor es paciente, es servicial; el amor no es envidioso, no hace alarde, no se envanece.

5. El amor no procede con bajeza, no busca su propio interés, no se irrita, no tiene en cuenta el mal recibido.

6. El amor no se alegra de la injusticia, sino que se regocija con la verdad.

7. El amor todo lo disculpa, todo lo cree, todo lo espera, todo lo soporta.

8. El amor no pasará jamás. Las profecías acabarán, el don de lenguas terminará, la ciencia desaparecerá.

9. Porque nuestra ciencia es imperfecta y nuestras profecías, limitadas.

10. Cuando llegue lo que es perfecto, cesará lo que es imperfecto.

11. Mientras yo era niño, hablaba como un niño, sentía como un niño, razonaba como un niño.

12. Pero cuando me hice hombre, dejé a un lado las cosas de niño. Ahora vemos como en un espejo, confusamente; después nos veremos cara a cara. Ahora conozco todo imperfectamente; después conoceré como Dios me conoce a mí.

13. En una palabra, ahora existen tres cosas: la fe, la esperanza y el amor, pero la más grande de todas es el amor.

¿Te suena haber leído esto en algún sitio? Si no lo has leído, no te preocupes, porque el proceso de socialización seguro que se ha encargado de enseñártelo a través de unas cuantas pelis. Este texto es un extracto muy conocido del capítulo trece de la primera carta de san Pablo a los Corintios, que forma parte del Nuevo Testamento de la Biblia. Este capítulo es a menudo referido como el «Himno al amor» y se cita con frecuencia en los discursos de boda. Este texto nos dice que sin amor cualquier otra cosa que hagamos es inútil, lo que, si nos lo tomamos al pie de la letra, puede ser muy peligroso.

EL AMOR ES DE LAS COSAS MÁS POTENTES Y MARAVILLOSAS QUE TENEMOS, PERO NO LA ÚNICA.

La movida es que, mientras que el arte y la cultura visibilizan, reflejan y, a veces, magnifican esta perspectiva, también nos ofrecen la oportunidad de cuestionarla y, tal vez, de cambiar o redefinir nuestras propias ideas sobre el amor y el duelo. Por ejemplo, yo crecí rodeada de influencias cristianas, ya que mi familia era muy católica. Iba a un colegio de monjas e hice la confirmación a los dieciséis añitos; me entiendes, ¿no? Sin embargo, también tuve la suerte de contar con un contexto que me permitió cuestionarme muchas ideas que había interiorizado desde chiquitita. Y, en este contexto, me ayudó tener acceso a internet y a todo tipo de canciones (¿ahora entiendes mi obsesión con la música?). Todas estas influencias me ayudaron a desdibujar la forma de querer que me habían enseñado y a abrir la mente a otras ideas menos estrictas. Como en todo, tienes que elegir con qué te quedas y qué decides soltar.

EL PELIGRO DEL MOMENTO *GOSSIP GIRL*

¿Por qué me dijo eso? ¿Qué crees que quiso decir realmente?

No puedo parar de pensar en cómo hubieran sido las cosas si no hubiésemos terminado.

Cada vez que veo una foto de nosotros, me siento fatal. No entiendo cómo pudo cambiar todo tan rápido.

Anoche soñé con él otra vez, creo que es una señal.

¿Crees que alguna vez se dará cuenta de que la cagó?

Estoy mirando su perfil otra vez. Ha seguido a esta persona, me raya.

Sigo releyendo nuestros últimos mensajes, aquí me dijo que me quería.

Si has pasado por un duelo, seguro que estos mensajes te suenan muchísimo. Y, si *Gossip Girl* es tu serie de referencia, estoy cien por cien segura de que te estás empezando a dar cuenta de cuánto ha influido en tu concepto de relaciones esta serie sobre las aventuras de un grupo de amigos del Upper East Side. Quedar con una amiga para tomar un café y desahogarte o pasarle captura de que tu ex te ha vuelto a dar like a una story es, aparte de necesario, beneficioso. ¿Qué haríamos sin nuestras amistades en estos momentos? 🖤🩹 Nadie mejor que ellas para escuchar nuestras chapitas. Sin embargo, cuando lo hacemos 24/7 puede resultar perjudicial.

Amanda Rose, una psicóloga de la Universidad de Missouri, realizó varios estudios entre 2010 y 2014 para averiguar la función de este tipo de conversaciones, a las que denominó «corrumiación». La corrumiación describe el proceso de hablar de forma repetitiva sobre sentimientos desagradables con tus amigos o familiares. Al principio, estas conversaciones pueden ser un desahogo necesario, pero, a largo plazo, pueden resultar un estorbo en tu proceso de duelo. Pregúntate qué no estás haciendo cuando te pasas horas y horas hablando sin parar sobre lo mal que te sientes después de esa ruptura. Al contrario de lo que es intuitivo pensar, no te estás exponiendo a la tristeza, no estás conectando con la emoción. Si te fijas bien, repites casi siempre lo mismo, incluso con las mismas palabras. Y, mientras cuentas ese discurso que te has aprendido de memoria, estás escapando del malestar que supone asimilar que el vínculo se ha roto. Y, amiga, amigo, este malestar es necesario para elaborar el duelo.

función de evitació

PERMÍTETE DERRUMBARTE Y ENCAJAR ESA PÉRDIDA EN TU VIDA.

TRANSITAR EL DUELO (SIN MORIR EN EL INTENTO) 💧 ☼

Seguro que has oído a hablar de las etapas de negación, negociación, aceptación... Sin embargo, la visión de que las etapas del duelo son un camino recto que todo el mundo recorre de la misma manera ya no tiene demasiado sentido. Esta idea fue introducida en 1969 por Elisabeth Kübler-Ross en su libro *Sobre el duelo y el dolor*, donde describe las famosas cinco **etapas** que las personas experimentan en el duelo: negación, ira, negociación, depresión y aceptación. La psiquiatra suizo-estadounidense realizó varias entrevistas clínicas a personas que atravesaban el duelo y, a partir de sus observaciones, creó este modelo. Sin embargo, se dedicó a describir más que a explicar, y para poder decir que hemos realizado una investigación de verdad, esto es, con rigor científico, tiene que poder ser **generalizable**.

LA CIENCIA DE LA GENERALIZACIÓN

La ciencia de la generalización

En ciencia, generalizar significa aplicar lo que descubrimos en un grupo pequeño de personas a muchos otros, incluso si no están directamente involucrados en nuestro estudio. Para que este proceso tenga rigor y nuestros hallazgos sean útiles para un montón de gente, hay algunas reglas importantes que seguir.

1. Representatividad. El grupo de estudio tiene que ser un buen mix de personas que represente a todos a quienes queremos aplicar nuestras conclusiones.

---

2. Replicabilidad. Los resultados deberían ser encontrados de nuevo por otros analistas con experimentos parecidos.

3. Control de variables. Tenemos que controlar cualquier factor que podría torcer nuestros resultados, y asegurarnos de que lo que observamos es realmente por las razones que pensamos y no por otras cositas.

4. Validez externa. Debemos verificar que nuestras conclusiones funcionan no solo bajo condiciones muy específicas, sino también en situaciones más generales.

Aplicar este modelo de investigación en psicología es de lo más complicado porque las personas somos muy diferentes entre sí, vivimos en culturas diversas y estamos influenciadas por una amplia variedad de factores biológicos. El modelo que Kübler-Ross propuso, aunque es un esquema simple para entender el duelo (y nos flipa lo fácil), no se puede aplicar a todo el mundo. Aunque las conocidas cinco etapas han sido muy influyentes, muchos expertos y personas que han vivido el duelo en carne propia han señalado que no todo el mundo pasa por todas las etapas, ni en el mismo orden ni con la misma intensidad.

Reconocer esto no es tirar por la borda el trabajo de Kübler-Ross, sino más bien entenderlo como un punto de partida para explorar la complejidad del duelo. La vida real suele ser más complicada y menos predecible que atravesar unas etapas y listo. En cada cultura se experimenta de forma distinta y son muchos los factores que influyen en cómo una persona vive este proceso. En el duelo, más bien nos columpiamos hacia delante y hacia atrás entre dos estados (la restauración y la pérdida, de las que en breve te voy a hablar). No todos los transitamos de la misma forma ni en el mismo orden. Enseguida profundizo.

EL DUELO DE MCDONALD'S 🍟

La generación del ya, o sea, nosotros, los de la gen Z, buscamos soluciones *fast* para todo. Es lógico y normal, dado que vivimos en una era donde lo inmediato es el pan de cada día. Ver un blog de YouTube de diez minutos nos parece una eternidad y nos cuesta demasiado esfuerzo, por lo que acabamos haciendo *scroll* durante dos horas en TikTok (como mucho, vemos un «*get ready with me*» de quince segundos y un par de vídeos a x2 de crímenes sin resolver). Este comportamiento es normal, ya que este tipo de vídeos son reforzadores cortoplacistas que nos sacian más rápidamente, y nuestro cerebro tampoco es tonto. Vamos muuuy rápido, y la realidad es que esta velocidad choca de frente y es incompatible con un montón de cosas de la vida que piden tiempo y dedicación, como el duelo. Además, tenemos una tendencia irrefrenable a querer ponerle nombre a todo.

> *Me llama la atención este interés tan de nuestra cultura psicologicista por cuantificar los procesos por los que atraviesan nuestras relaciones y vidas, como si en nuestras experiencias el tiempo siempre fuera lineal, no tuviera idas y venidas, no pudiera ser cíclico o incluso circular: el enamoramiento dura seis meses, a los cuatro años hay una crisis de pareja, el duelo normal dura tres meses. Parece que tenemos que estar con el calendario a punto para entregar el proyecto, examinarnos o demostrar que hemos superado la prueba de cada etapa.*
>
> Laura Latorre, *H(amor) roto*

Aunque pueda sonarte contradictorio y poco intuitivo, para procesar el duelo es necesario exponerse a las emociones desagradables que nos provoca la pérdida de esa persona especial. Peeero no demasiado. Es decir, debemos sentirlas a corto plazo, pero sin enredarnos mucho rato en ellas, lo que no es para nada fácil (acuérdate de la corrumiación). Es superimportante que le dediquemos tiempo a llorar cuando lo necesitemos, pero, tal vez, en lugar de ponernos la *playlist* entera de música triste, lo ideal es que escuchemos cuatro o cinco canciones, y a otra cosa.

DOS *MOODS* EN TU DUELO

A pesar de que hay muy poquita literatura acerca del duelo, y menos sobre rupturas amorosas, la investigación nos ha dejado pistas muy útiles acerca de cómo procesarlo. Una de mis aproximaciones favoritas es el modelo del proceso dual del duelo de Stroebe y Schut, unos psicólogos de los Países Bajos que dieron en el clavo. Según este modelo, el duelo implica dos estrategias de afrontamiento que vamos combinando a lo largo del tiempo de forma adaptativa: la orientación hacia la pérdida y la orientación hacia la restauración.

Imagínate que estás en el parque balanceándote en un columpio. En un lado, tienes todos los sentimientos y pensamientos relacionados con haber perdido a esa persona (esto sería la **«orientación hacia la pérdida»**). Por ejemplo, cuando te pones esa *playlist* que te recuerda a vosotros, cuando relees esas conversaciones antiguas que tienes archivadas, cuando le hablas a una amiga de cuánto le echas de menos, cuando recuerdas la tremenda putada que te hizo... En definitiva, cuando te permites sentir tristeza, nostalgia, ira, decepción y todas las emociones que surjan.

En el otro lado, tienes la vida cotidiana y los cambios que necesitas manejar ahora que esa persona ya no está (esto sería la **«orientación hacia la restauración»**). Siguiendo con el ejemplo, tal vez tengas que volver a pasar por el parque donde solíais tener citas, aprender a lidiar con los gastos de la casa tú solito y ocuparte de las tareas que esa persona solía hacer. Es como columpiarte hacia delante, enfocándote en lo práctico y en reconstruir tu vida.

La idea es que te balancees entre estos dos estados y no te quedes quieto en ninguno. Algunos días, te podrás sentir más triste y necesitar recordar y llorar. Otros días, podrás sentirte más *ready* para exponerte a nuevas situaciones y explorar otro tipo de emociones. Este balanceo es un proceso natural y saludable de adaptación.

Te dejo un miniejemplo para que pienses en cómo vas a elaborar los dos *moods* de tu ruptura. Es solo para que tengas una referencia, puedes adaptarlo a tus gustos y preferencias. :)

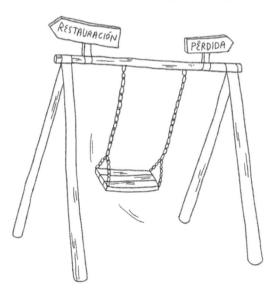

ORIENTACIÓN A LA PÉRDIDA	ORIENTACIÓN A LA RESTAURACIÓN
Escribe una carta de despedida que nunca entregarás.	Elige un día de esta semana para tener una cita contigo y probar un hobby nuevo.
Haz una lista de aprendizajes que te lleves de tu relación.	Ve a un restaurante de tu comida favorita.
Elimina de tu vista esos recuerdos físicos con esa persona: fotos, peluches, la cuchicarpeta de fotos del móvil. *No es necesario que lo tires todo. Puedes guardarlo en una caja difícil de abrir y dejarla en un armario. En psicología, al hecho de ponértelo fácil lo llamamos «control estimular». Moldear tu contexto hará que todo sea más sencillo dentro de lo complicado que puede llegar a ser pasar por una ruptura.	Haz algo que te haga sentir realizada y que, aunque te guste, te dé pereza. Por ejemplo: coger la bici e irte de ruta, leer un libro de tu tema favorito, ordenar tu habitación...

EL DUELO POR EL DUELO O EL DUELO[2] ♥

Parece irónico que cuando por fin conseguimos que haya un equilibrio entre los momentos de aflicción y de simplemente ✦vivir✦, algunas veces puede aparecer una segunda tristeza. A esta tristeza yo la he llamado «el duelo por el duelo». Sería lo más parecido a la nostalgia, pero sin ese matiz de sentir anhelo o deseo de volver a esos momentos, quizá lo asemejo más a la reminiscencia. La reminiscencia se refiere al acto de recordar experiencias pasadas y se centra más en el proceso cognitivo de traer al presente recuerdos del pasado, sin la carga emocional específica que caracteriza a la nostalgia. Aunque recordar puede evocar emociones, la reminiscencia en sí misma es más neutral y abarca cualquier tipo de recuerdo, ya sea agradable, desagradable o neutro.

«Estoy triste porque ya no estoy triste, ya no estoy triste por ti. Y ahora la tristeza es lo único que nos une, es el único vínculo que queda entre tú y yo. Y si dejo de estar triste, dejará de existir un nexo entre tú y yo».

A lo largo del proceso del duelo, pueden existir momentos en los que recordemos cosas de forma distorsionada. Por ejemplo, podemos idealizar momentos que en el fondo no fueron tan guais e incluso recordar cosas que nunca pasaron. La ciencia nos dice que cada vez que accedemos a un recuerdo, este es susceptible de ser modificado. Nos fiamos demasiado de nuestra memoria y, en esto, nos puede ayudar la reminiscencia. Como todos los procesos conductuales, tiene varias funciones, aquí te dejo dos de ellas:

- **Integración de nuestra identidad.** Te ayuda a integrar experiencias pasadas con tu sentido del yo actual. Es como unir lo que has vivido antes con quién eres ahora, ayudándote a entender cómo has cambiado y crecido a lo largo del tiempo.

• **Procesamiento de nuestro pasado.** Te permite pensar en tus experiencias anteriores, reflexionar sobre ellas y, a veces, verlas de una manera diferente, dándote un nuevo significado. Está muy *cool*.

> FRIENDLY REMINDER:
> ¿VES? TODAS LAS EMOCIONES
> ESTÁN AHÍ POR Y PARA ALGO.

YA NO LE QUIERES, SOLO HA SONADO BAD BUNNY ⬤

El duelo no es lo mismo que la aflicción, y entender esto cambiará mucho el ritmo de tu ruptura, *trust me*. La aflicción es un estado emocional doloroso que surge de forma natural y luego desaparece, así una y otra vez. Es la respuesta emocional interna y personal que se experimenta tras una pérdida. Esto incluye una amplia gama de sentimientos como la tristeza, la ira, la culpa, la ansiedad, la soledad, la desesperación y la confusión. A veces, viene sin avisar y nos confunde porque tendemos a pensar que, debido a su intensidad y espontaneidad, todavía no hemos «superado» a esa persona. Por ejemplo, cuando estás tan a gusto mirando tu galería de fotos y de repente aparece una foto de vuestro viaje al norte, o cuando estás dándolo todo en la discoteca y de repente suena «She Don't Give a Fuck» y te quieres morir de pena.

Sin embargo, aunque pueda parecer paradójico, la aflicción es algo normal y necesario, ya que nos recuerda que esa persona ya no está en nuestra vida y que eso nos duele. Cuando esto ocurre, no debemos de hacerle caso a lo que nos dice nuestra intuición, que será algo parecido a «abre a tu ex y dile que te has acordado de él». El hecho de que nos venga a intentar fastidiar la tarde no significa que tengamos que hacerle caso. Limítate a experimentarla y después sigue a lo tuyo.

Te prometo que si te expones de forma adecuada a la aflicción, poco a poco irá disminuyendo su intensidad y la cantidad de veces en las que aparece. Ahí estarás recolocando a esa persona.

Si le echas de menos significa eso, que le echas de menos. No significa que quieras volver.

Ten en cuenta que recolocar es distinto que enredarse en esos momentos de aflicción. Ya te he hablado de la rumiación y de lo de mirar constantemente la carpeta de fotos compartidas, ¡así que no compliques más de lo necesario este proceso!

Como afirma Mary Connor, una neurocientífica a la que admiro muchísimo y que ha centrado toda su investigación en este tema, el duelo también es un proceso de aprendizaje en el que asimilamos cómo vivir sin esa persona. Es normal que existan momentos en los que nos derrumbemos al notar esa ausencia, e incluso que tengamos la sensación de que nos vamos a quedar ahí mucho tiempo y que jamás vamos a dejar de estar tristes. Pero, spoiler: no va a ser así, todo pasa.

TODO LO QUE PERDIMOS: EL DUELO CON UNO MISMO

Ya no será
ya no
no viviremos juntos
no criaré a tu hijo
no coseré tu ropa
no te tendré de noche
no te besaré al irme
nunca sabrás quién fui
por qué me amaron otros.
No llegaré a saber
por qué ni cómo nunca
ni si era de verdad
lo que dijiste que era
ni quién fuiste
ni qué fui para ti
ni cómo hubiera sido
vivir juntos
querernos
esperarnos
estar.
Ya no soy más que yo
para siempre
y tú ya no serás para mí
más que tú.
Ya no estás
en un día futuro
no sabré dónde vives
con quién

ni si te acuerdas.
No me abrazarás nunca
como esa noche
nunca.
No volveré a tocarte.
No te veré morir.

Idea Vilariño

El duelo no es nunca solo por la persona a quien hemos perdido, sino por todas las cosas asociadas a nuestra antigua relación, entre ellas, la propia identidad. Cuando lo dejamos con alguien, una parte de nuestro mundo desaparece. Y, con ella, se muere todo lo que compartimos con ese alguien especial. Una de las pérdidas es el lenguaje: ¿a quién más le voy a llamar cuchi?, ¿con quién más voy a poder hacer resbalar mi cuerpo con el jabón en la ducha?, ¿con quién más podré hablar del amor en italiano?

Al compartir intimidad con alguien nuestras identidades se fusionan. Y es por eso por lo que, cuando rompemos ese vínculo, sentimos como si una parte de nosotros se descompusiera. Como diría Darío Sztajnszrajber, uno de los filósofos que, bajo mi punto de vista, mejor ha teorizado sobre el amor: «No somos alguien que entreteje un vínculo amoroso con el otro, sino que por estar en un vínculo específico con el otro, somos ese alguien que somos. [...] Siempre es a la vez un duelo con la relación y un duelo con uno mismo».

Reflejamos y somos reflejados en nuestras relaciones, lo que significa que parte de quienes somos se construye a partir de estas interacciones. Al finalizar una relación, no solo estamos diciendo adiós a la otra persona, sino también a una parte de nosotros mismos que existía en el contexto de esa relación, lo que puede resultar muy duro. Sin embargo, paliar este dolor pasa por asumirlo.

AL FINAL, TIENES QUE ASUMIR QUE JAMÁS LLEGARÁ NADIE IGUAL QUE ESA PERSONA, Y ES PRECISAMENTE ESO LO QUE LA HACE ESPECIAL Y ÚNICA.

HACKEAR EL DUELO

Una de las preguntas que más he recibido desde que comencé a divulgar sobre amor y relaciones es si darse un tiempo funciona o tiene sentido. Para variar, mi respuesta es ✦depende✦.

Por lo general, las parejas que deciden darse un tiempo suelen hacerlo para posponer un poquito más el momento *breakup* y tienen la creencia que dejar la relación por un tiempo hará que todos sus problemas se solucionen, en plan «*Oh, oh, oh, it's magic, you know!*». A corto plazo, esta decisión alivia de forma inmediata el malestar asociado con terminar la relación. Pero, en realidad, esta estrategia rara vez aborda la raíz del malestar en la pareja, y aunque puede ofrecer un respiro momentáneo, no es para nada útil.

En otros contextos, sin embargo, darnos un tiempo sí puede funcionar, siempre y cuando se haga bien. Eso significa, por un lado, aplicar estrategias que tengan una dirección y, por otro lado, comprometernos a cumplir una serie de acuerdos. Lo primero que debemos preguntarnos es para qué nos vamos a dar un tiempo, con qué propósito y qué expectativas tenemos. ¿Es una calentada o realmente es una decisión que hemos tomado? ¿Qué queremos trabajar exactamente en esta pausa?

Segundo, la parte más importante: ¿cómo lo vamos a hacer?, ¿qué acuerdos vamos a tener?, ¿qué duración va a tener esta pausa? Es importante marcarse un *deadline* para evitar caer en una especie de «limbo» en el que no sepamos muy bien qué hacer y qué esperamos. ¿Habrá contacto cero?, ¿podemos tener relaciones con otras personas durante este tiempo?

Por último, es crucial dejar muy claro a qué nivel estamos dispuestos a comprometernos con esta decisión. Para ello, como digo siempre, tenemos que dárnoslo todo masticadito. Para facilitarte las cosas, en caso de que te plantees pedirle un tiempo a tu pareja, he creado una miniguía y una plantilla de contrato.

GUÍA PARA IDENTIFICAR CUÁNDO NO ES EL MOMENTO DE DARSE UN *BREAK*:

A. ¿Realmente quieres un respiro o en el fondo estás buscando cortar por lo sano? ¿Estás solo alargando lo inevitable?

Casi todas las rupturas vienen con un dolorón brutal que hacemos lo imposible por esquivar. Y, claro, preferimos lidiar con minidosis de sufrimiento día tras día antes que enfrentarnos a un vacío megaintenso de un tirón. Plantéate si estás considerando la opción de «tomarte un tiempo» por no tener que pasar por el agridulce proceso de duelo.

B. ¿No será que tienes el ojo puesto en alguien más?

Aunque parezca de cajón que si estás sintiendo algo por otra persona y estás en una relación exclusiva lo más sensato es pensar en terminar, muchas veces no lo hacemos. Pregúntate si te estás planteando una pausa por miedo a soltar lo seguro y enfrentarte a no saber si vas a estar bien con esa otra persona.

C. ¿No lo harás para ver si «realmente te quiere»?

Este rollo es supercomún en relaciones donde falta comunicación y mimo. Cuando caemos en la dinámica de necesitar chequear a cada rato si la otra persona nos quiere o está en la relación de verdad, acabamos haciendo cositas extremas como «casi cortar» para ver si así nos demuestra algo. ¿Me va a extrañar si me hago el difícil un rato? ¿Valorará lo que teníamos cuando sienta que lo ha perdido? Date cuenta...

Conclusión: si los motivos para darse un tiempo son A, B o C, tal vez tengas que plantearte otra opción. Hacer *pause* no es algo para tomarse a la ligera ni la varita mágica que lo arreglará todo. Darse un tiempo requiere curro, esfuerzo y hablar las cosas claras, tanto con uno mismo como con tu pareja.

CONTRATO PARA DARSE UN TIEMPO

Entre: *[Tu nombre]* y *[Nombre de la persona 2]*

Fecha: *[Incluir fecha]*

Preámbulo:
Nosotros *[Nombre de la persona 1]* y *[Nombre de la persona 2]*, conscientes de la importancia de nuestra relación y del amor que nos une, hemos decidido darnos un tiempo. Este documento sirve como un acuerdo mutuo que define los términos y condiciones de este periodo. Nuestro objetivo es reflexionar sobre nosotros mismos y nuestra relación, con la esperanza de fortalecer nuestro vínculo o tomar decisiones informadas sobre nuestro futuro juntos.

1. Objetivo de darnos un tiempo
El objetivo de esta pausa es *[Describir el propósito específico de este tiempo (reflexión personal, crecimiento individual, evaluación de la relación, etc.).]*

2. Duración del tiempo
- Fecha de inicio: *[Incluir fecha]*
- Fecha de finalización: *[Incluir fecha]*
Se acuerda revisar este contrato y decidir sobre el futuro de nuestra relación en la fecha de finalización.

3. Comunicación durante el tiempo
- Frecuencia de comunicación (si la hay): *[Detalles]*
- Medio de comunicación (texto, llamadas, etc.): *[Detalles]*
- Situaciones en las que se permite/motiva la comunicación: *[Detalles]*

4. Expectativas
- Comportamientos esperados durante este tiempo (incluyendo acuerdos sobre citas con otras personas, actividades sociales, etc.): *[Detalles]*
- Límites claros sobre lo que no se debe hacer durante este tiempo: *[Detalles]*

5. Acuerdos específicos
Cualquier otro acuerdo que ambas partes consideren importante: *[Detalles]*

6. Condiciones que tenemos que revisar
Criterios y expectativas para la reunión de evaluación al final del periodo de tiempo aparte: *[Detalles]*

7. Firma de compromiso
Este documento refleja un acuerdo entre ambas partes para seguir los términos establecidos durante nuestro tiempo aparte. Entendemos que este periodo es una oportunidad para el crecimiento personal y la reflexión que puede fortalecer nuestra relación.

[Firmas de los dos]

ABRIR CHAT A TU EX
(EL CONTACTO CERO NIVEL PRO)

El contacto cero es una de las tácticas más efectivas para superar una ruptura, pero lo que no te cuentan muy bien es que su efectividad depende de cómo lo gestiones. Lo primero que debes hacer es preguntarte para qué quieres el contacto cero. A continuación, te he preparado un minitest que puede ayudarte a tomar la decisión de forma más *confident*:

1. ¿Cuál es tu principal motivo para querer hacer contacto cero con esa persona?
   a) Para llamar su atención y que vuelva.
   b) Para castigarlo por algo que ha hecho mal y que espabile.
   c) Porque quiero olvidarlo de una vez.

2. ¿Cómo describirías la atención que recibes de esta persona en la actualidad?
   a) Intermitente y solo cuando cree que me ha perdido.
   b) No recibo atención de esta persona en absoluto.
   c) Recibo atención, pero siento que es insuficiente o poco saludable.

3. ¿Cuál crees que sería el resultado de continuar la relación tal y como está?
   a) Creo que podríamos intentarlo, conectar y resolver nuestros problemas.
   b) No veo un futuro posible para la relación.
   c) Siento que la relación seguirá siendo muy dolorosa.

4. ¿Cómo te sientes respecto a la idea de cortar todo contacto con esta persona?

a) Me genera miedo y ansiedad pensar en no volver a tener relación con ella.

b) Me parece una medida necesaria para mi bienestar emocional.

c) Me preocupa cómo reaccionará esta persona si dejo de contactarla.

Resultados

(Estos resultados son solo orientativos y una guía para ayudarte a formar un criterio de la decisión que quieras tomar, en ningún momento son sustituto de terapia. Sé que lo sabes, pero quería recalcarlo).

Mayoría de respuestas a). Es posible que desees considerar otras formas de comunicación y resolver tus problemas de relación de manera más directa antes de recurrir al contacto cero.

Mayoría de respuestas b). El contacto cero podría ser una opción útil para ti en este momento.

Mayoría de respuestas c). El contacto cero puede ser una medida útil para ayudarte a alejarte de esas dinámicas que te generan malestar y avanzar hacia una vida más tranquila. Es importante buscar apoyo emocional y considerar hablar con un profesional si necesitas ayuda para seguir adelante.

Al contrario de lo que puedas encontrar en internet, usar el contacto cero para llamar la atención de tu ex y hacerlo volver no es la mejor idea. ¿Para qué quieres la atención de alguien que tiene que creer que te ha perdido para mostrarte interés? ¿Hasta qué punto eso puede ser beneficioso a largo plazo?

Si has tomado la decisión de aplicar el contacto cero, tienes que ponértelo fácil. Olvidar ya es suficiente tortura como para andar complicándonoslo más, así que te dejo esta miniherramienta que ojalá te sirva de ayuda.

SET DEL CONTACTO CERO

- **Bloquear no está mal ni es de persona inmadura.** La forma de abordar esto puede variar según cómo haya finalizado la relación, qué tipo de dinámicas hubo y otros factores. Sin embargo, ya sea una decisión acordada mutuamente o no, estás en todo tu derecho de bloquear a esa persona. Tienes que ponértelo fácil y si esto te va a facilitar la vida, hazlo. Si el final fue cordial y respetuoso, podéis tener una conversación para acordar cómo lo vais a llevar a cabo, suele tranquilizar bastante. Pero si estás dentro de un vínculo dañino o incluso abusivo, no tienes ninguna obligación de mantener ningún tipo de contacto con esa persona ni de darle explicaciones de lo que vas a hacer.
- **Ponte metas a corto plazo.** Las cosas son más llevaderas cuando tienes objetivos. Establece un tiempo en el que no quieras tener contacto con esa persona (al principio, empieza con metas pequeñas).
- **De «gordi» a Sergio.** Para mandarle señales a tu cabecita de que las cosas han cambiado, tienes que cambiar tu contexto. Empieza con pequeños pasos, por ejemplo, cambiando cómo tienes guardado su contacto en el teléfono.
- **Ten claro qué significa el contacto cero.** No cotillear sus redes, no intentar coincidir en los mismos lugares, no hablar ni interactuar con esa persona de ninguna forma (también

cuenta lo de preguntar a gente en común cómo está o si le han visto en la última fiesta).

• **Vuélvete más interesante.** Aprovecha para iniciarte en tu *pinterest era*. Escribe mucho sobre todo lo que sientes en una libreta que vayas a usar explícitamente para eso. Practica el *journaling*, bebe cafés en tazas bonitas, sal a pasear, haz deporte. Haz cosas que te generen bienestar y vuelve a esos sitios que solías frecuentar con esa persona a solas o con un amigo. Esto le mandará señales a tu cabecita de que es posible volver a estar bien sin esa persona. No volverás a sentir lo mismo, pero sentirás cosas diferentes y eso está bien.

• **Ponte *reminders*.** Cuando echas de menos a alguien que estás intentando olvidar, tiendes a recordar más las cosas buenas y a darle más importancia, hasta el punto de que incluso olvidas por qué la dejaste. Cada vez que recuerdas los momentos con esa persona, los estás modificando y alejándote de la realidad. Sooo, ponte recordatorios en la pantalla del móvil o en su chat del estilo: «No funcionó, tía, ¿para qué le vas a hablar otra vez? Esto es solo un impulso».

EN RESUMEN...

1 El duelo es el precio de haber amado y requiere que redefinas tu identidad tras la pérdida.

2 El sufrimiento por amor ha sido romantizado por la tradición judeocristiana y la cultura pop; en nuestras manos está redefinirlo.

3 Las etapas del duelo no son las mismas ni se viven de la misma forma para todo el mundo.

4 El duelo implica balancearse entre la orientación hacia la pérdida y la restauración de la vida cotidiana.

5 Si decides darte un tiempo con tu pareja, estate atento a si, en realidad, no es un mecanismo para posponer una ruptura definitiva. ¡Honestidad ante todo!

6 El contacto cero puede ser tu mejor aliado, ¡póntelo fácil!

HOW TO DO

¿Sabes qué es un *vision board*? Se trata de un tablero donde pones tus sueños, metas y deseos en forma de dibujos, fotos o ilustraciones. Hay mil formas de crearlo, pero aquí te enseño cómo crear un *vision board* de ruptura. *Ready:*

1. Decide si lo vas a hacer en analógico o digital. Si te decantas por la primera opción, tendrás que recortar revistas, hacer collages, etc. Si te decantas por la segunda, tendrás que tirar de fotos que tengas guardadas y mucho Pinterest. Antes de ponerte manos a la obra, piensa dónde lo vas a colocar para que sea visible y lo tengas siempre a mano. Si es analógico, lo puedes colgar delante de tu escritorio, y si es digital, puedes ponértelo de fondo de pantalla o imprimirlo y colgarlo en la nevera.

2. En una hoja aparte, reflexiona acerca de cómo quieres pasar la ruptura, teniendo en cuenta estas categorías:
-Aprendizajes: tal vez quieras aprender un idioma, apuntarte a un curso de ilustración, etc.
-Salud: imagino que querrás rebajar tus niveles de ansiedad, tal vez ponerte en forma, etc.
-Experiencias: ¿te apetece un viaje, un finde tranquilo en el campo, una escapada con tu mejor amiga?
-Amistades: ¿cada cuándo quieres ver a tus amiguis?, ¿qué planes te gustaría hacer?
-Cosas materiales: ¿por qué no te das algún caprichito, ya que estás de bajona?

3. ¡Ha llegado el momento de sacar toda tu creatividad! Busca imágenes que representen aquello que quieres, que se parezcan al máximo a lo que quieres vivir, que tengan una estética guay, etc. ¡Que quede bonito!

4. Pon el *vision board* en un sitio visible para mirarlo cada día. Durante el duelo, es normal que a veces no tengas ganas de hacer nada, ¡pero tu *vision board* de ruptura te recordará que hay cosas que sí que te apetecen hacer! Cuanto más presentes las tengas, más llevadera será esta fase de tu vida.

Haz un *vision board* de tu ruptura

Este ejercicio será como tu tablón de Pinterest, te ayudará a visualizar tu proceso de duelo y enfocarte en tu crecimiento personal tras una ruptura amorosa.

Instrucciones:

1. Reúne materiales.
- Cartulina o una app para editar collages.
- Recortes de revistas, impresiones de imágenes, tijeras, pegamento, marcadores y cualquier otro material decorativo que te inspire.

2. Reflexiona sobre los motivos por los que quieres romper esa relación.
- Tómate unos minutos para pensar en cómo te sientes y, sobre todo, en qué piensas ahora mismo. ¿Qué decisión vas a tomar finalmente? ¿Por qué has tomado esta decisión?

Anota estas reflexiones aquí para tenerlas presentes mientras creas tu *vision board*. 📄

3. Define tus metas de sanación.
   • Identifica qué áreas de tu vida deseas fortalecer y mejorar tras la ruptura. Puede ser tu autoestima, nuevas actividades, metas profesionales, relaciones saludables, etc.
   • Escribe al menos tres metas claras y específicas.
4. Haz una selección de frases que te inspiren y te empoderen.
   • Busca en revistas, imprime o dibuja imágenes que representen tus metas y cómo te quieres sentir. También puedes anotar frases de canciones (o de este libro).
   • Ejemplos: fotos de actividades que te gusten, lugares que quieras visitar...
5. Coloca tu *vision board* de tu ruptura a la vista.
   • Pon tu *vision board* en un lugar donde lo veas todos los días (puede ser tu fondo de pantalla). Esto te ayudará a mantener tus metas presentes y a recordarte tu fortaleza y capacidad de transformación.
6. Dedica tiempo a observarla regularmente.
   • Emplea unos minutos cada semana para mirar tu *vision board* y reflexionar sobre tu progreso. Ajusta tus metas y pega nuevas imágenes si es necesario. :)

LISTENING

Como ya sabes si has llegado hasta aquí, tengo una obsesión con crear *playlists* para todo. No quería terminar este capítulo sin dejarte mis recomendaciones más personales y que han sido el *soundtrack* de mis duelos. Espero que te ayuden.

Para llorar:

A LO MEJOR
DELLAFUENTE

POR SI APARECES
ALICE WONDER

NO TE VAYAS
ALICE WONDER

CRYING IN THE CLUB
CAMILA CABELLO

NOTHING LIKE US
JUSTIN BIEBER

DAMA DE LA GUADAÑA
AYAX Y PROK

THE GREATEST
LANA DEL REY

EL COLOR DEL DOLOR
DELLAFUENTE

NOTHING BREAKS LIKE A HEART
MARK RONSON & MILEY CYRUS

Para empoderarte en tu duelo:

NICEST COCKY
BAD GYAL & PAUL MARMOTA

TRA
BAD GYAL

HAPPIER THAN EVER
BILLIE EILISH

EPÍLOGO: TENER AMOR NO ERA TENERLO TODO

Todos queremos que nada cambie..., nos conformamos con vivir infelices porque nos da miedo el cambio, que todo quede reducido a ruinas. Pero al contemplar ese sitio, el caos que ha soportado, la forma en la que ha sido adaptado, incendiado, saqueado, y luego hallado el modo de volverse a levantar, me vine arriba. A lo mejor mi vida no ha sido tan caótica, y es el mundo el que lo es, y el único engaño es intentar aferrarse a ella a toda costa. [...] Las ruinas son un regalo. Las ruinas son el camino a la transformación.

Extracto de la película *Come, reza y ama*

Si me hubiesen dicho hace cinco años que iba a acabar escribiendo un libro sobre el amor y que me iba a dedicar a ayudar a las personas para que no pasasen por el infierno que estaba pasando yo en ese momento, no me lo hubiese creído. Gracias, gracias por leerme y por llegar hasta aquí. Gracias por optar por la psicología científica, mi objetivo con la divulgación siempre ha sido hacer llegar la psicología de forma sencilla y adaptada al lenguaje cotidiano, espero haberlo conseguido.

Espero haber estado a la altura y haberte mostrado que la psicología científica no es ni aburrida ni menos profunda; al contrario, es la más bonita y eficiente. Deseo de corazón que leer este libro te haya conmovido, pero, sobre todo, que te haya transformado. Creo firmemente que el objetivo fundamental de la psicología es precisamente invitar al cambio. Solo en el cambio podemos encontrar el verdadero bienestar.

Ojalá este libro te haya tocado un poquito o, al menos, haya conseguido que te cuestiones por qué queremos en la forma en la que lo hacemos. Ojalá recurras a él cuando sientas dudas o quieras trabajar en ciertos aspectos, ojalá haya sido tu *safe space*. Mi mayor deseo es que este libro también haya sido una herramienta para ayudar a liberarte de ese «etiquetado diagnóstico» y espero que no vuelvas a decir jamás que «eres una persona tóxica» o un «apego ansioso».

He disfrutado muchísimo escribiendo este libro, ha habido momentos de profunda introspección y a veces me he derrumbado ante el portátil. He escrito en casa, en el transporte público, en una cafetería y, también, después de haber tenido la cita más bonita de mi vida y haberme derrumbado porque el amor había terminado. He escrito del amor sin sentirlo, y he sentido amor y no me ha dado la gana de escribir. Sin embargo, ahí es dónde me he dado cuenta de lo que significa sentir pasión hacia algo. Como te comentaba a lo largo del libro, el amor no siempre se siente, es una decisión y eso lo hace más bonito. Ojalá haya conseguido transmitirte esto también.

Ojalá haya sido como una tirita, ojalá que este libro haya sido para ti lo que yo hubiese necesitado en su día.

AGRADECIMIENTOS

A todas mis amigas, por ser esas tiritas.

En especial a Triana, porque a nosotras no solo nos unió la psicología, gracias por estar en absolutamente todas, te adoro. A Alex, te voy a querer siempre. A Marta, por tu sensibilidad e inteligencia, que nadie se atreva a robártelas, que le crujo. A Orue, por enamorarse de mi caos cuando todo era negro, no creo en el destino pero cuando pienso en nosotros sí. A David, Río, Sofía, Laura y Laiza por creer en mí desde el principio. A Victoria, por quererme cuando ni yo misma lo hacía. A Javi, por haber sido tan puro y bueno conmigo siempre. Te deseo lo mejor. A Keila, por esas charlitas en las que nos damos cuenta de cómo hemos crecido, te admiro, amiga.

A JC, por ser luz y comprender lo que nadie comprende.

A Matteo, por ser ese rayito de luz en uno de los mejores momentos de mi vida, llegarás lejos.

A Edgar, por ser referente y meterme en este mundo.

A Jesús, por ser tan humano en el panorama científico, cuánta falta haces.

A Sarah Belén y Anna Gil, por enseñarme tanto sobre amor y conducta.

A mis editores, Alba y Marco, por acoger tan bien y con tanto cariño mi proyecto desde el principio y confiar tanto en mis ideas tan locas. Sois maravillosos.

A María José y Jorge, por confiar en mí cuando era chiquitita.

A Candela, por cambiarme radicalmente la vida.

A mis padres, por haberlo hecho lo mejor que pudieron.

A todos los amores de mi vida.

Y a mí misma, especialmente, a mi yo de hace unos años, por haber salido de ese pozo tan negro, por sobrevivir al amor.

BIBLIOGRAFÍA

- Alfonso, R. M., Duarte, E., Pereira, H., & da Graça Esgalhado, M. (2010). *Construcción de un programa individual de reminiscencia para mayores con demencia residentes en una institución. International Journal of Developmental and Educational Psychology*, 2(1), 643-650. Asociación Nacional de Psicología Evolutiva y Educativa de la Infancia, Adolescencia y Mayores. Badajoz, España.
- Barraca, J. (2019). *Terapia integral de pareja*. Síntesis.
- Bastarós, M., Baker, M. J., Casielles, L., García, L., Gumes, A., Latorre, L., Momoitio, A., Moscoso, M., Sánchez, J. y Vila, F. (2022). *H(amor) 7 roto*. Continta me tienes.
- Benjumea, S. [el canal de PIKOyPALA], SINCA IV 2013, «El amor desde el punto de vista de un conductista radical», 2019, recuperado de: https://www.youtube.com/watch?v=DczitfKeksM&t=1713s
- Fromm, E. (1956). *El arte de amar*, Editorial Paidós.
- Gil Wittke, A. I. (2024). *Terapia de pareja e infidelidad*, Instituto de la Pareja, material publicado para los alumnos del Máster en Sexología Clínica y Terapia de Pareja. Instituto de la Pareja.
- Gottman, J. M., & Silver, N. (2015). *The seven principles for making marriage work*. Harmony Books.
- Jiménez, M. (2023). *Contigo*. Planeta.
- Lee, J. A. (1977). «A typology of styles of loving», *Personality and Social Psychology Bulletin*, 3(2), 173-182.
- Llamas, D. (2023). *Cuidarme bien, quererte mejor: Aprende a relacionarte de manera sana y responsable*. Grijalbo.
- Luckács, G. (1923). *Historia y conciencia de clase*. Instituto del Libro.

- Neisser, U., & Harsch, N. (1992). *Phantom flashbulbs: False recollections of hearing the news about Challenger*. E. Winograd & U. Neisser (Eds.), *Affect and accuracy in recall: Studies of «flashbulb» memories*, vol. 4, pp. 9-31, Cambridge University Press.
- Nogueras, R. (2020). *Por qué creemos en mierdas: Cómo nos engañamos a nosotros mismos*. Kailas Editorial.
- O'Connor, M. FF. (2024). *El cerebro en duelo: La sorprendente ciencia de cómo aprendemos del amor y de la pérdida*. Ediciones Obelisco.
- Perel, E. (2017). *El dilema de la pareja*. Diana.
- Pérez Fernández, V., Gutiérrez Domínguez, M. T., García García, A. y Gómez Bujedo, J. (2010). *Procesos psicológicos básicos. Un análisis funcional*. España, UNED.
- Recalcati, M. (2019). *Mantieni il bacio: Lezioni brevi sull'amore*. Feltrinelli.
- Reiman, S. M. (2023). *Loss of intimacy and missing a partner predict romantic breakup distress*. [Tesis doctoral, Fielding Graduate University]. Fielding Graduate University Repository.
- Ribes Iñesta, E., Fernández Gaos, C., Rueda Beltrán, M., Talento, M. y López, F. (1980). *Enseñanza, ejercicio e investigación de la psicología. Un modelo integral*. Editorial Trillas.
- Rubin, Z. (1970). *Measurement of romantic love. Journal of personality and social psychology*, 16(2), 265.
- Ryle, G. (1949). *El concepto de lo mental*. Editorial Paidós.
- Sternberg, R. J. (1986). «A triangular theory of love», *Psychological Review*, 93(2), 119.
- Stroebe, M., & Schut, H. (1999). *The dual process model of coping with bereavement: Rationale and description. *Death Studies, 23*(3), 197-224. https://doi.org/10.1080/074811899201046

- Sztajnszrajber, D. (2018). *El amor es imposible*. Editorial Ariel.
- Ury, L. (2021). *How Not to Die Alone: The Surprising Science That Will Help You Find Love*. Simon & Schuster.
- Zajonc, R. B., *Actitudinal effects,* p. 180 de Psicología Social de la UNED.